sou barista

MISTO
Papel | Apoiando o manejo florestal responsável
FSC® C172712

Dados Internacionais de Catalogação na Publicação (CIP)
(Jeane Passos de Souza – CRB 8ª/6189)

Marcelina, Concetta
　　Sou barista / Concetta Marcelina; Cristiana Couto. – São Paulo : Editora Senac São Paulo, 2018.

　　Bibliografia.
　　ISBN 978-85-396-2412-6
　　e-ISBN 978-85-396-2413-3 (ePub/2018)
　　e-ISBN 978-85-396-2414-0 (PDF/2018)

　　1. Barista : Técnicas de trabalho 2. Café (cultivo e preparo) 3. Café : História I. Couto, Cristiana. II. Título.

18-008s
　　　　　　　　　　　　　　　　CDD-641.3373
　　　　　　　　　　　　　　　　BISAC CKB019000

Índice para catálogo sistemático:
　　1. Barista : Café (cultivo e preparo)   641.3373

sou barista

Concetta Marcelina
Cristiana Couto

Editora Senac São Paulo - São Paulo – 2018

Sumário

NOTA DO EDITOR, 7

AGRADECIMENTOS, 8

INTRODUÇÃO, 11

1. HISTÓRIA DO CAFÉ. CRISTIANA COUTO, 14

    A chegada do café no Ocidente, 16
    A rota dos pés de café, 19
    A chegada do café às Américas, 20
    Café no Brasil, 20

2. MERCADO E QUALIDADE DO CAFÉ BRASILEIRO. CRISTIANA COUTO, 26

    Rumo à qualidade, 28
    Programas de qualidade, 30
    Associações, 34

3. CAFÉ: DA SEMENTE AO EMPACOTAMENTO. CONCETTA MARCELINA, 36

    Botânica do gênero *Coffea*, 37
    Reprodução da semente, 45
    O plantio, 47
    A colheita, 59
    O processamento, 63
    Secagem, 69
    Armazenamento, 72
    Beneficiamento, 74
    Classificação, 75

4. PREPARO DA BEBIDA CAFÉ. CONCETTA MARCELINA, 92

    Torração, 93
    Moagem, 97
    Formas de preparo da bebida, 97

5. QUEM É O BARISTA. CONCETTA MARCELINA, 110

    Regras de higiene e apresentação pessoal, 112
    Utensílios necessários ao barista, 114
    Rotina do serviço de cafés, 119
    O principal instrumento do barista:
      a máquina de café *espresso*, 119
    O moinho, o coração do café *espresso*, 122

6. TÉCNICAS DE BARISTA. CONCETTA MARCELINA, 124

    O *espresso* passo a passo, 125
    Leite, 142
    Linguagem das cafeterias, 151
    Limpeza, 164

GLOSSÁRIO, 167

BIBLIOGRAFIA, 197

SOBRE AS AUTORAS, 199

Nota do editor

O crescente consumo de cafés de qualidade no Brasil provocou o surgimento de uma nova função em bares, restaurantes e cafeterias, antes delegada ao atendente de balcão: a de barista. E o Senac é a única instituição de ensino no país que, desde 2003, vem mantendo turmas regulares para a formação desse profissional.

Sou barista é um livro construído por duas grandes especialistas em café e na profissão de barista no Brasil: Concetta Marcelina e Cristiana Couto. As duas autoras uniram-se neste projeto por acreditarem na necessidade de formar profissionais especializados no serviço de café que devem conhecer não só sobre as técnicas de manuseio da máquina de *espresso* e do moinho de café, mas também sobre a história, a cultura e a arte de tomar essa bebida.

O livro serve tanto àqueles já iniciados na profissão quanto aos que estão apenas começando e promete ser uma fonte rica de ensinamentos sobre a origem do café, sua expansão para o mercado, o surgimento da profissão do barista e as suas técnicas mais essenciais.

Agradecimentos

Poucos leitores se importam em ler a parte dos agradecimentos, mas não poderia deixar esta edição sem este adicional.

Quero agradecer principalmente ao meu marido, companheiro e incentivador de todas as horas, que sacrificou sua rotina de tarefas para permitir que eu pudesse ter tempo para escrever. Joseph Harari, você está sempre ao meu lado.

Meus agradecimentos ao grande amigo Clovis Gonçalves Dias, com o qual aprendi muito do que sei hoje sobre produção de café, e à sua família, proprietária do maravilhoso Café Fazenda Pessegueiro, por me receber sempre de braços abertos, sem restrições. Sinto-me acolhida por vocês nestes últimos 15 anos.

Aos meus alunos dos cursos de barista e em especial a alguns amigos que fiz por causa do café, como Wládia Ponte, Fabiana Tomé, Rosana e José Dragone, Nancy e Paulo Horta, Valmor e Adriana, Elaine Pinheiro Soares. Entre tantos outros que chegaram e foram embora seguir seu caminho no mundo do café, agradeço a Heloisa Angeli, Heitor Meira, Bruno Olim, Anna Telino, Felipe Andarilho e Alessandra, Johnny Questions, Tereza Cristhina, Inés e Cibele Andaluz, Newton Massayuki, Caio Tucunduva, Thiago e Larissa, dona Elvira, Bruna Mussolini, Claudia Lomonaco, João e Diana, Luiz e Vivi, Tarcisio, Carlos, Elisete e Leo, Sandra Paola, Cristina, Fernanda Cervejeira, Marcelo Flush Baby, Suelen Nosse, Bruna Zerneri, Fernando Pereira, Eric Muller, Diego, Erick Csernik, Alda Barroso, Miriam Shimada e tantas pessoas queridas que não caberiam nesta lista, mas das quais não me esqueço e cuja memória aquece meu coração.

Agradeço à equipe da Editora Senac São Paulo, que acreditou no projeto e que continua a acreditar e a me ajudar a fazer mais, em especial a Jeane Passos de Souza e Márcia Cavalheiro Rodrigues de Almeida.

Enfim, agradeço a toda a cadeia produtiva do café, empresas de máquinas, cooperativas e torrefadores, que sempre me receberam de braços abertos.

O conhecimento não tem valor algum se você não puder compartilhá-lo. Boa leitura.

Concetta Marcelina

Dedico este livro à minha pequena família, para quem a leitura, a cozinha e as histórias são, sempre, uma paixão. Em especial, ao meu saudoso pai, Francisco, por ter me ensinado a buscar o melhor caminho.

Quero agradecer, também de maneira especial, à Isabela Raposeiras, minha primeira professora e eterna amiga, que me apresentou ao incrível mundo dos cafés de qualidade. Agradeço também aos colegas de profissão, que de todas as maneiras contribuíram para que eu me dedicasse a essa área, entre eles, Beatriz Marques, Caio Fontes, Mariana Proença e Marcos Haddad.

Cristiana Couto

Introdução

Nos últimos anos, o brasileiro passou do simples hábito de tomar um cafezinho à escolha de produtos diferenciados, em cafeterias, padarias, bares ou restaurantes que tenham em seu cardápio a bebida com destaque à sua qualidade. O café ganhou um *status* semelhante ao do vinho, com atributos como aromas e sabores, e rituais de preparo e degustação da bebida. O consumidor agora está interessado em conhecer o grão e saber o que diferencia o café brasileiro do café de outras origens. Além disso, também quer entender e provar outros métodos de preparo que vão além do café *espresso*. Uma pesquisa encomendada pela Associação Brasileira da Indústria de Café (Abic) indica que o café é um produto presente em 98,2% dos lares brasileiros. Em 2003, 17% dos brasileiros tomavam café fora de casa, e esse número cresceu para 37% em 2008 e subiu novamente para 38% em 2015. O café *espresso*, que em 2003 representava 10% da preferência, subiu para 18% em 2006, estabilizou-se em 11% em 2007 e subiu novamente para 28% em 2015.

Esse aumento é reflexo de inúmeras ações de marketing dos cafés vendidos no Brasil, da melhoria na qualidade dos grãos e do crescimento de boas opções de locais para se tomar café. Também podemos explicar o aumento do consumo dessa bebida no mundo todo por causa do movimento chamado "as ondas do café" (*waves*), que se iniciou após a Segunda Guerra Mundial, com a primeira "onda", e posteriormente seguido pela segunda "onda", trabalhando a qualidade do produto, com redes de cafeterias utilizando o café gourmet, como Starbucks e Peet's Coffee & Tea, que foram responsáveis por fazer o hábito de tomar café algo mais sofisticado, agregando mais valor ao produto. Diante disso, a terceira onda do café ganhou força e impulsionou a abertura de diversas cafeterias especializadas em oferecer experiências únicas aos seus clientes, com cafés especiais, produzidos em pequenas quantidades e preparados por meio dos mais variados métodos. O barista, elo final da cadeia de qualidade entre o produtor e o consumidor, também é o responsável pela promoção dos cafés especiais e gourmet. Ele tem o conhecimento sobre as certificações e os selos de qualidade e, principalmente, a especialização na arte do serviço de cafés. O barista foge da automação no preparo de cafés, fazendo uso de suas habilidades e seus conhecimentos para ajudar o consumidor a perceber que nenhum café é igual, e que é possível extrair nuances de sabor e aroma em cada xícara da bebida. E isso tudo já acontece aqui no Brasil, basta circular pelas cafeterias.

A lista de tarefas de um barista é longa e seu trabalho começa bem antes de a cafeteria abrir, pois são necessários diversos conhecimentos e a execução de uma série de tarefas para que o produto café seja servido em sua excelência. Acima de tudo, na função de barista é indispensável gostar de café e apreciá-lo como bebida.

O barista precisa respeitar o produto com o qual trabalha e possuir um excelente conhecimento teórico para dar informações corretas ao cliente. Entender que por trás de cada xícara de café existe uma cadeia de pessoas que trabalharam para que o produto chegasse até ali também é fundamental.

O barista é, antes de tudo, um técnico, no mais estrito sentido da palavra. Deve saber reconhecer diversos cafés e suas características, buscando equilíbrio de aroma e sabor para atender às exigências de seu público. Deve avaliar cada detalhe durante a extração, como a temperatura da água, a pressão da máquina, a qualidade do pó, o tempo de extração e a regulagem do moinho, que é o coração do café *espresso*.

Embora seja peça fundamental no preparo de um bom café, o barista não é um "santo milagreiro". Um dos fatores mais importantes no preparo de um café *espresso* é a qualidade dos grãos do *blend*. Esse fator foge do controle de quem extrai o café, porém caminha de mãos dadas com sua habilidade – se, por um lado, um excelente *blend* pode ser facilmente "destruído" por alguém que não conheça o processo de extração de café, por outro, nem o melhor barista do mundo pode salvar um café de qualidade inferior.

Um dos primeiros passos para o futuro profissional é a sua qualificação.

Neste livro, você terá uma amostra do vasto universo do café, aprenderá desde as formas de plantio até a colheita do grão, a classificação, a torra e a moagem. Conhecerá também os principais equipamentos com os quais irá trabalhar, como a máquina e o moinho, além de práticas como a regulagem do moinho, a extração do café, a vaporização de leite e o preparo de bebidas à base de café *espresso*.

Boa leitura e bom aprendizado!

CAPÍTULO 1
A história do café
CRISTIANA COUTO

Os escritos mais antigos que mencionam a planta café, que datam de 575 d.C., narram a lenda de Kaldi, um pastor de cabras da Etiópia que observou o efeito excitante da fruta em seus animais. Ao longo do tempo, essa narrativa ganhou várias versões, como é comum às lendas. Uma delas apresenta um monge que, observando Kaldi e suas cabras, resolveu estudar os efeitos do fruto do café.

Também foi acrescentado à lenda um evento que simboliza a torrefação, desenvolvida apenas no século XIV. Nessa versão, os monges, achando a bebida muito amarga, jogam os frutos no fogo e percebem, espantados, o aroma delicioso que se desprende deles. Depois de tostados, os frutinhos foram colocados na água para esfriar e o líder instruiu os outros monges a beber o elixir. Eles sentiram a energia e a clareza mental que Kaldi havia experimentado, e, dali por diante, passaram a usar o café para manterem-se despertos durante as orações noturnas.

Outra variação da lenda de Kaldi faz referência também à infusão da bebida. Ela menciona o personagem árabe Omar, que foi exilado de Mocha com seus seguidores e banido para uma caverna para morrer de fome. Ele se depara com uma planta com pequenos frutos vermelhos e brilhantes, de gosto amargo, e instrui seus seguidores a torrá-los, para melhorar o sabor. A torra fez com que o frutinho ficasse "duro" e Omar mandou que fossem fervidos em água para amaciarem. Sobrou apenas o líquido, que o árabe e seus seguidores, já famintos, decidiram beber. Surpreendentemente tiveram energia e sustento por vários dias, sobrevivendo ao exílio. Os habitantes de Mocha consideraram isso um milagre e passaram a visitar Omar na caverna para pedir-lhe ajuda e beber o líquido para curar seus males. Segundo essa versão, as curas se confirmaram e Omar pôde retornar à Mocha.

Qualquer que seja a verdade, o que se sabe é que o café foi preparado e consumido de maneiras bem diferentes daquelas que conhecemos hoje. Certo é, também, que a planta de café teve como centro de origem as montanhas da Abissínia, atual Etiópia, no continente africano. Alguns sugerem que a planta encontrada foi a da espécie arábica, mais adequada às altas altitudes.

Na Abissínia, o fruto inicialmente era consumido inteiro, *in natura*. Posteriormente, os grãos eram extraídos e macerados com banha, servindo de alimento para as tribos da região, principalmente durante suas viagens. Da polpa fermentada, eles também produziam uma bebida alcoólica, e suas folhas eram utilizadas no preparo de chás.

Embora tenha se tornado comum, a ideia de que a palavra "café" originou-se do termo *kaffa* – nome da província da Abissínia em que foi cultivado – não é mais aceita. Hoje acredita-se que o termo venha do árabe *qahwa*, que significa "vinho", "café" ou qualquer bebida feita a partir de plantas.

De fato, foram os árabes os responsáveis pelo domínio das técnicas de plantio e de preparo do café. A planta chegou até eles por meio dos etíopes, que ocuparam o Iêmen, no sudoeste da península Arábica, durante o século VI. Lá, a partir do século XIV, iniciou-se a produção comercial do café, com pés plantados em terraços, e sua exportação a partir de Mocha, o principal porto do Iêmen.

Depois de 1000 d.C., os árabes passaram a preparar o café como infusão. Inicialmente, utilizavam os grãos verdes, deixando-os de molho por um longo tempo em água fria. Depois, passaram a usar água fervente e, no século XIV, aprenderam a torrá-los e moê-los antes de colocá-los em água quente. Assim torrado, o café tornou-se popular no mundo islâmico e nas áreas sob seu domínio, como os Bálcãs, a Espanha, a Turquia, a Índia e a África do Norte.

A chegada do café no Ocidente

O ano de 1450 é um marco na história do café. Foi nessa data que a bebida foi introduzida em Meca, cidade sagrada dos muçulmanos. Os praticantes dessa religião foram responsáveis pelo surgimento daquele que é considerado o primeiro estabelecimento a servir café do mundo: o *Kiva Ham*, dedicado ao consumo da bebida, aberto em Constantinopla (atual Istambul) em 1475 (alguns datam sua abertura no ano 1555). Nesse e em outros espaços que surgiram depois, as pessoas ouviam música, jogavam xadrez e discutiam temas de interesse comum. Os primeiros estabelecimentos também eram conhecidos como escolas da sabedoria, por serem frequentados por homens de cultura e de ciência.

O consumo excessivo da bebida, aliado ao seu poder de deixar as pessoas alertas, fez com que o governo de Meca tentasse proibir a venda do grão sob a alegação de que, por ser excitante, era também proibido pelo Alcorão. Em 1511, os cafés de Meca são fechados. Ao saber disso, o sultão, bebedor usual de café, reverteu a proibição. Outros líderes políticos e religiosos denunciariam o café durante todo o século XVI, mas seu consumo arraigou-se na cultura árabe.

A reputação do café fez com que muitos viajantes, em seu retorno do Oriente, fizessem descrições elaboradas da bebida e da planta que a originava. Entre as mais importantes está a do italiano Prospero Alpino, que descreveu a planta em seu *De plantis aegypti* (1592). Outros estudiosos que fizeram essa descrição foram Fausto Nairono Banesio, em 1671, e Antoine Jussieu, em 1716.

Se a propagação da planta de café permaneceu por muito tempo sob domínio exclusivo dos árabes, os grãos, já torrados, ganharam o mundo. Dos portos mediterrâneos e de suas conexões comerciais com o Oriente, o café irradiou-se para a Ásia, a África e a Europa. Foi introduzido na Europa cristã a partir de 1615 pelo porto de Veneza, cidade italiana que mantinha relações comerciais com os turcos no início da era moderna e que se tornara um verdadeiro centro de especiarias e artigos de luxo.

Mas, ainda que a bebida tenha atraído a atenção de mercadores europeus e de outros viajantes que estavam em contato como o mundo otomano desde o fim do século XVI, ela não foi consumida publicamente na Europa até meados do século XVII. Tida primeiramente como uma bebida exótica, como outros produtos raros (o chocolate, o açúcar e o chá), o café teve, em princípio, um papel medicinal e foi utilizado pelas classes mais abastadas por suas propriedades terapêuticas. Os grãos eram embarcados no porto de Mocha e, uma vez descarregados em Veneza, eram distribuídos nas farmácias.

Além de Constantinopla, cidades importantes como o Cairo, grande centro de consumo no Egito, já tinham seus cafés nas últimas décadas do século XVI, e são esses estabelecimentos que irão servir de modelo para os primeiros cafés europeus. O café Procope, um dos mais famosos cafés da Europa, tinha, no início, garçons vestidos à moda turca que serviam, além de cafés, os curiosos *sorbets*, uma novidade árabe.

Em 1666, surge o primeiro café da Holanda, em Amsterdã. Quatro anos depois, os cafés chegam à Alemanha. Em 1660, inaugura-se um estabelecimento em Marselha. Em Viena, na Áustria, o primeiro lugar a servir a bebida foi o Blue Flask, aberto em 1687.

No fim do século XVII, os cafés da Europa ocidental eram locais bastante particulares, diferentes dos tradicionais em que se comercializavam bebida e comida, como as tavernas e as cervejarias. Transformaram-se num local de reunião, onde se discutiam assuntos variados e se ficava sabendo das notícias do dia.

Foi na Itália que a maioria dos cafés históricos sobreviveu. Em Roma, há o café Greco e o café Aragno, ainda em atividade. Em Nápoles, funciona o histórico Gambrinus e, em Florença, sobrevivem o Giubbe Rose e o Gilli. Em Pádua, está o café Pedrocchi, em Trieste, o Tommaseo, e em Turim, o Platti, o Fiorio e o Baratti. Em 1683, nascia o primeiro café de Veneza, o Botteghe Del Caffè, que servia bebidas com água e gelo. O sucesso foi tanto que, em 1759, já existiam 206 cafés na cidade. O mais famoso deles foi inaugurado em 1720 na Piazza San Marco: o Caffè della Venezia Trionfante, de Floriano Francesconi, que logo mudou de nome para Caffè Florian e rapidamente tornou-se um centro de trocas comerciais e culturais de Veneza. Foi frequentado por personalidades como o aventureiro Giacomo Casanova, o escritor alemão Johann Wolfgang von Goethe, o escritor francês Marcel Proust, o filósofo suíço Jean-Jacques Rousseau e o pintor italiano Amedeo Modigliani. É até hoje um dos mais antigos cafés da Europa em funcionamento e um dos mais bem preservados.

Os cafés também desempenharam um papel importantíssimo na França e na Inglaterra. Embora seja difícil apontar uma data precisa para a abertura dos primeiros cafés na Europa

ocidental, pois há muita confusão entre a introdução do café como bebida e o aparecimento dos locais voltados ao seu consumo, pode-se afirmar que o primeiro café público foi aberto em 1650, em Oxford, por um comerciante chamado Jacob. Mas foi em Londres que surgiu o grande café Pasqua Rosée, do italiano de ascendência grega de mesmo nome, em 1652. No início do século XIX, a capital inglesa chegou a contabilizar 2 mil estabelecimentos dedicados à bebida. Mas o café começou a perder sua supremacia com o desenvolvimento da cultura do chá nas colônias britânicas a partir de meados do século XIX.

Na Paris de 1720, registraram-se cerca de 380 cafés. O mais importante deles foi o já citado Procope, aberto pelo siciliano Procopio dei Coltelli em 1688, em frente à Comédie Française, onde se reuniam atores, dramaturgos e músicos. No século seguinte, o café Procope atraiu notáveis como Voltaire, Denis Diderot e Benjamin Franklin. A casa atualmente funciona como restaurante, onde ainda se pode respirar a atmosfera mágica dos antigos cafés europeus.

Ao longo dos séculos XVIII e XIX, os cafés se difundiram por toda a Europa, ganhando contornos particulares e formas distintas dependendo do lugar em que se estabeleciam. Na França, eles tornaram-se parte importante da vida operária. Na Europa central, especialmente em Viena, mantiveram seus laços com a vida intelectual e literária, o que levou à emergência, no início do século XIX, dos famosos cafés vienenses, frequentados por políticos revolucionários e intelectuais modernistas. Esses estabelecimentos serviriam de modelo para os cafés europeus do início do século XX, especialmente os de influência cultural alemã, em Munique, Praga e Budapeste.

A ascensão nazista e a influência americana no pós-guerra alteraram significativamente o perfil dos cafés no século XX. Os bares de *espresso* ganhariam popularidade na Europa do pós-guerra, enquanto o advento da internet e a globalização originariam, mais tarde, a emergência dos cibercafés. Mas os espaços públicos dedicados ao serviço do café continuariam a atestar sua relevância social.

A rota dos pés de café

Se os venezianos foram os primeiros a comercializar o café na Europa, os holandeses foram pioneiros em sua produção fora dos países árabes. Do Iêmen, as sementes – ainda revestidas com o pergaminho, o que possibilitava que germinassem e virassem mudas – eram levadas pelos holandeses, que controlavam o comércio europeu. As primeiras mudas foram cultivadas em estufas nos jardins botânicos de Amsterdã. Dali, várias plantas foram enviadas às colônias holandesas, como Sri Lanka, Java e Sumatra. Em poucos anos, Java e Sumatra tornaram-se os principais fornecedores da Europa, determinando o preço do produto no mercado mundial, e Amsterdã tornou-se o principal centro comercial do café.

Ao lado dos holandeses, os franceses começaram também a cultivar a planta de café. Em 1714, o burgomestre de Amsterdã presenteou o rei Luís XIV da França com mudas da rubiácea, que foram cultivadas no Jardin des Plantes, em Paris. Em 1715, elas foram levadas para as ilhas Reunião (então chamadas Bourbon). Lá, aclimataram-se bem e garantiram aos franceses o cultivo do produto. Mas, ao contrário de Java, onde os produtores eram pobres e as plantações, pequenas, nas ilhas Reunião trabalhavam escravos em grandes plantações. Durante a Revolução Industrial até a ascensão da burguesia, a produção de café e a escravidão estiveram intimamente ligadas.

Além da rota mediterrânea, em que navios holandeses e ingleses disputavam mercados venezianos e franceses, formou-se uma segunda rota do café, com circum-navegação da África, transportando grãos da Etiópia, do Quênia, da Tanzânia e de Madagascar (de um lado do continente), e da Costa do Marfim, de Camarões e do Zaire, do outro.

A chegada do café às Américas

O capitão Gabriel Marthieu de Clieu, oficial da marinha francesa, tem sido citado em diversas histórias, algumas bem fantasiosas, como o responsável pela introdução do café na América Central. Em 1723, o oficial levou para a Martinica, onde servia, algumas plantas do Jardin des Plantes de Paris. Começa, então, a viagem do café rumo às Américas, onde seria cultivado mais extensivamente do que em qualquer outra parte do planeta. O século XVIII também assistiria à expansão do café pelo México, pela Guatemala, pela Venezuela, pela Colômbia, pelo Caribe e pelas Antilhas.

Nos anos imediatamente anteriores à Revolução Francesa, os franceses eram responsáveis por dois terços do suprimento mundial de café. Depois desse período, porém, mais de 80% do café produzido no mundo vinha das Américas. A Revolução provocou uma rebelião entre os escravos em Santo Domingo (atual Haiti), reduzindo a produção de café nesse país que, desde 1787, havia se tornado o maior produtor mundial. A partir daí, Java e as Américas tomaram a dianteira no cultivo e na comercialização.

Os norte-americanos tiveram de esperar sua independência para tornarem-se consumidores de café, já que os ingleses não se interessavam em exportá-lo para a colônia e estavam voltados para o comércio do chá.

Café no Brasil

Em termos econômicos, o café foi a terceira *commodity* no mundo no fim do século XIX. Inicialmente, a bebida era consumida pelos europeus e produzida em suas colônias tropicais. A partir de 1900, as Américas começaram a ter um papel central tanto na produção quanto no consumo.

Diz-se que Francisco de Melo Palheta foi quem trouxe para o Pará, em 1727, as primeiras plantas de café. Retratado nas histórias como um personagem de feitos heroicos, Palheta, oficial do governo e militar graduado, foi incumbido pelo governador da capitania do Maranhão e do Grão-Pará de averiguar problemas com a demarcação de fronteiras entre o Brasil e a Guiana Francesa. Conta-se que, durante a missão, Palheta enamorou-se da esposa do governador de Caiena, Madame D`Orvilliers, que lhe entregou algumas sementes de café. Assim, o oficial voltou ao Brasil com as sementes e com alguns pés de *Coffea arabica*, alcançando o segundo objetivo da sua missão: obter amostras de café. Como algumas histórias que contam a trajetória da bebida no Oriente, alguns traços dessa narrativa, como seu caráter romântico e a figura do herói intrépido, evocam um passado glorioso e idealizado.

Apesar de documentos oficiais descreverem a chegada de Palheta ao Brasil com as sementes, em 1727, o café já era conhecido e mencionado em escritos brasileiros de 1663, embora sua cultura fosse pequena e seu preço ainda baixo. Coube certamente a Palheta a iniciativa de plantar sistematicamente o café em terras brasileiras. Pois, se a data da introdução do café é questionável, uma coisa é certa: no Brasil, as plantas encontraram solo e clima ideais para se desenvolver.

Em 1731 registra-se a primeira exportação de café do Brasil para Lisboa, oriunda do Maranhão (durante boa parte do século XVIII, o cultivo restringiu-se às regiões Norte e Nordeste do país). Em 1760, chegam ao Rio de Janeiro, de onde a cultura irradia-se pelo país, as primeiras mudas da planta vindas de Belém. O momento era propício: a maior fonte de riqueza do reino português, o ouro, dava sinais de declínio, e o açúcar da cana enfrentava a concorrência de novos produtores. O café surgiu como uma nova e promissora opção, já que a demanda mundial estava em franco crescimento. Assim, o governo incentivou seu plantio – d. João, por exemplo, mandou trazer sementes de Moçambique e as fornecia aos interessados, além de distribuir sesmarias aos fidalgos portugueses para a cultura de pés de café. A abertura dos portos ao comércio internacional, em 1808, fez que o produto passasse a ganhar o mundo.

Porém, mais do que um produto colonial, o café foi um produto imperial. Prova disso é que, em 1822, um ramo da planta seria incorporado ao escudo de armas do Império. Desde a Independência do Brasil até a Proclamação da República, as exportações brasileiras de café aumentariam 75 vezes. Baixas demandas tecnológicas, grande oferta de terras, solo fértil e barato e mão de obra escrava permitiam preços e quantidade que nenhum outro país conseguia bater. Ao longo do século XIX, também, o crescimento no consumo de café na Europa haveria de crescer quinze vezes.

Dos morros cariocas, o café expandiu-se para o interior do estado, em torno das cidades de Vassouras, Barra Mansa e Rezende. Ainda no século XVIII, chegou a Minas Gerais, pela Zona da Mata. De Rezende, as plantações espalharam-se pelo Vale do Paraíba, beneficiando-se das estradas e dos portos já existentes no trajeto.

A planta alcançou terras paulistas por volta de 1765, como cultura complementar às roças de feijão, milho e açúcar, entre outros produtos produzidos por São Paulo, que abastecia com alimentos as capitanias de Minas Gerais e do Rio de Janeiro.

São José do Barreiro, Bananal, Silveiras e, posteriormente, Guaratinguetá, Pindamonhangaba, Taubaté e Jacareí figurariam como vilas importantes na produção do café paulista. Em meados do século XIX, o café avança pelo Espírito Santo, a partir do Rio de Janeiro. A partir de 1920, novas cidades seriam formadas no norte do Paraná em função do surto cafeeiro, como Londrina (1934) e Maringá (1947).

Se até 1815 a produção brasileira sustentava apenas o mercado interno, entre as décadas de 1830 e 1840, o café já era o produto mais exportado pelo país, superando o açúcar, o fumo e o algodão, e respondia por um quinto do consumo mundial. Em 1854, o Brasil tornava-se o maior produtor mundial do grão.

Ainda na década de 1830, Campinas havia feito a substituição da plantação canavieira pelo café. De Campinas, a rubiácea avança para Limeira, Rio Claro e São Carlos, chegando a Araraquara e Mococa. Em 1859, São Paulo detinha apenas uma porcentagem pequena da produção brasileira: 12%, e, desde 1854, o Vale do Paraíba respondia por 90% da produção de café na província. Em 1886, Campinas e regiões próximas à cidade passam a liderar a produção paulista do grão. Assim como aconteceu no Vale do Paraíba, muitos engenhos de cana da região são desativados, e suas instalações são adaptadas para o cultivo do café.

A distância entre as cidades produtoras e os portos trouxe a necessidade da construção de ferrovias para o transporte do café, já que, até meados do século XIX, o transporte de todo o café brasileiro era feito por tropas de burros. As estradas de ferro espalharam-se pelo oeste paulista, facilitando, também, o estabelecimento de rodovias. Em 1867, é construída, por uma companhia inglesa e financiada pelo Visconde de Mauá, a São Paulo Railway, ligando Santos a Jundiaí. Depois dela surgiriam outras companhias, como a Sorocabana e a Mogiana e, em trinta anos, cerca de três mil quilômetros de ferrovias rasgariam as terras paulistas. Com os trilhos, surgem novos centros urbanos e a população paulista aumenta.

Nessa época, o porto de Santos ultrapassou definitivamente os outros portos brasileiros no escoamento do produto. O café Rio será, então, obscurecido pelo café Santos – designações comuns na época, que faziam referência aos portos de onde eram despachados os grãos. Entre 1886 e 1894, São Paulo torna-se o maior produtor mundial e, no início do século XX, Santos se tornaria o maior porto exportador de café do mundo. Exemplo da pujança do estado e da importância do porto de Santos é a criação, entre 1914 e 1917, da Bolsa Oficial do Café. Entre outras atribuições, a instituição fixaria regras, normatizaria operações e divulgaria a cotação do grão nos mercados interno e internacional.

Durante quase todo o século XIX e parte do século XX, a riqueza do país concentra-se na economia cafeeira. Em torno do café gravitavam o comércio, a indústria e os investimentos financeiros. Ferrovias, telégrafo sem fio, instituições culturais e grandes reformas urbanas surgem amparados pelos lucros do café. É a economia cafeeira que consolidaria a hegemonia política e econômica da região Centro-Sul, na hoje conhecida "política café com leite", e que financiaria a industrialização nos anos 1950, idealizada por Juscelino Kubitschek.

Também em torno das demandas científicas e tecnológicas do café seriam criadas instituições de pesquisa, como o Instituto Agronômico de Campinas (IAC), fundado em 1887, o curso de Engenharia Agronômica, em 1897, e a Escola Superior de Agricultura Luiz de Queiroz, em 1901.

É claro que toda essa transformação veio acompanhada de diversos percalços e problemas, um dos mais expressivos relacionado à crise de 1929. A extinção do tráfico de escravos, em 1850, iniciou o problema da escassez de mão de obra. O governo, então, passa a apoiar a imigração europeia e, entre 1872 e 1891, entram no Brasil mais de 200 mil imigrantes italianos, a maioria para trabalhar nas lavouras cafeeiras. Outros colonos viriam de Portugal, da Suíça e da Alemanha. Alteraram-se as relações de trabalho (que eram tensas em boa parte do tempo) e o trato com a terra.

Ainda no início do século XX, as novas fronteiras abertas pelo café, principalmente em direção ao Mato Grosso, levam ao extermínio quase total dos povos indígenas da região, e os desmatamentos tornam-se constantes conforme as lavouras avançam.

No início do século XX, surgem os primeiros sinais de declínio. Em 1897, acontece a primeira crise do café. A superprodução de café origina sobra de estoques e queda de preços. Em 1906, o consumo mundial era de 16 milhões de sacas, e o Brasil colocou no mercado uma safra de 20 milhões. Para enfrentar o problema, os governadores dos estados de São Paulo, Minas Gerais e Rio de Janeiro reúnem-se no chamado Convênio de Taubaté. Entre outras medidas, o convênio estabeleceria a compra pelo governo da produção excedente, a partir de empréstimos externos e criação de taxas sobre novas plantações de café. Daí por diante, várias intervenções do governo teriam início nos negócios do café que consolidaria uma política permanente de defesa ao produto.

A quebra da Bolsa de Nova York, em 1929, não só deflagraria a queda brusca no preço internacional do café como operaria mudanças profundas na economia e na política do Brasil. Entre 1931 e 1935, as exportações reduzem-se de 95 milhões de libras esterlinas para 38 milhões anuais. Milhões de sacas foram queimadas pelo governo e outros milhões de pés, erradicados. Fazendeiros retalham suas terras para vendê-las, substituem a cultura do café pelo algodão e envolvem-se na criação de gado para tentar escapar da crise. Nesse período, o dinheiro também muda de mãos e vários imigrantes conhecem a tão sonhada ascensão financeira e social. Em 1944, houve a última queima de sacas de café ordenada pelo governo.

Só em 1947, os preços voltam aos níveis anteriores à quebra da Bolsa, auxiliados pela escassez de grãos que ocorreu no mercado mundial entre

1944 e 1954. A partir de então, o café deixa de ser o principal produto de exportação brasileiro, embora o país tenha se mantido como principal produtor mundial do grão.

São Paulo, o maior produtor nacional desde o último terço do século XIX, cede lugar ao Paraná no fim dos anos 1950, e, a partir de 1975, Minas Gerais assume a liderança. O Programa Pró-Álcool, criado nos anos 1970, também propiciou a substituição das lavouras paulistas de café pela cultura da cana-de-açúcar. Nesse período, cafezais proliferaram em Rondônia, Bahia, Goiás e Espírito Santo. Assim, se nos anos 1960 São Paulo e Paraná detiveram a maioria dos pés de café do país, em meados da década de 1980, o estado de Minas Gerais concentraria mais de um terço do total nacional, seguido de São Paulo, Espírito Santo, Paraná e Bahia.

Vários fatores contribuíram para que o café deixasse de ser o principal produto na balança comercial do país. Entre eles, a disputa por melhores preços, estimulada pelo aumento da produção mundial. Até o fim da década de 1980, o país praticamente não havia se preocupado com qualidade, pois a estratégia era exportá-lo em grandes volumes. Desse modo, outros países produtores, como a Colômbia, passaram a oferecer um café melhor, alcançando um preço maior pelo produto.

Uma nova história delineia-se a partir dos anos 1990, com a retomada do consumo doméstico e com a busca cada vez maior por excelência com investimentos em cafés de qualidade. É o que veremos a seguir.

CAPÍTULO 2
Mercado e qualidade do café brasileiro

CRISTIANA COUTO

Na última década, a cidade de São Paulo foi o cenário ideal para a difusão das cafeterias. Se nos anos 1970 a capital paulista recebeu *chefs* franceses e na década de 1990 assistiu à profusão de produtos importados, os anos 2000 entram para a história gastronômica da cidade como o período em que proliferaram estabelecimentos charmosos que servem cafés caprichados. O *boom* das cafeterias não se restringiu à cidade e espalhou-se pelas principais capitais brasileiras, como Curitiba, Salvador, Belo Horizonte, Brasília e Rio de Janeiro.

O fenômeno pode ter várias explicações, que vão desde a possibilidade de novos negócios na área de gastronomia até uma nova atitude do consumidor, cada vez mais exigente. Todas elas, entretanto, parecem ter a mesma origem: a busca cada vez maior pela qualidade daquilo que se consome. Qualidade esta que, no café, vai desde o grão até a xícara.

O Brasil é o maior produtor de café do mundo, mas apenas o segundo maior consumidor. Em 2012, a safra alcançou 50,83 milhões de sacas de café – cerca de um terço da produção mundial. Atualmente, os pés de café cobrem 2,33 milhões de hectares de nosso território e 287 mil produtores dedicam-se ao seu cultivo em todo o país.

Mas, em termos de qualidade, o Brasil tem uma história recente. Isso porque o café sempre foi uma *commodity*, controlada por governos cuja diretriz não era a de comercializar um café de qualidade, mas fazê-lo em quantidades cada vez maiores. Terminada a intervenção do Estado, entramos na concorrência mundial por qualidade e, atualmente, nossos grãos especiais compõem os melhores *blends* do mundo e são disputados em leilões internacionais.

Esse percurso em direção à qualidade também alcançou o mercado interno. Atualmente, esse mercado é abastecido pelos supermercados, que colocam nas prateleiras cafés especiais e cafés gourmets, e pelos novos estabelecimentos, que oferecem excelentes xícaras de café. Marcas como a gigante americana Starbucks e a Nespresso, do grupo Nestlé, por exemplo, abriram suas primeiras lojas no país em 2006, concorrendo com empreendimentos de prestígio como Suplicy Cafés Especiais, Santo Grão e Octávio Café. Nos últimos anos, vêm surgindo novidades mais arrojadas nesse cenário, como o premiado Coffee Lab, da barista Isabela Raposeiras.

Tanto no Brasil quanto no mundo, a demanda por cafés especiais gira em torno dos 15%, contra um avanço de 1% a 2% em busca dos cafés tradicionais, de acordo com a Associação Brasileira de Cafés Especiais (BSCA). Atualmente, praticamente todas as regiões cafeeiras do Brasil produzem grãos especiais, como o Cerrado, a Zona da Mata e o sul de Minas Gerais, a serra do Espírito Santo, Bahia, São Paulo e Paraná.

Ao mesmo tempo, novos produtos são lançados no mercado para atender à demanda por bons cafés *espressos* e coados em casa – de novas marcas brasileiras de cafés a utensílios e equipamentos, como máquinas para *espresso* superautomáticas.

Rumo à qualidade

Esse novo momento da história do café – em que a qualidade é mais importante – tem um personagem fundamental: o químico Ernesto Illy (1925-2008). Nascido em Trieste, na Itália, e filho do fundador da famosa torrefadora italiana Illycaffè, chegou ao Brasil em 1991 para buscar grãos que pudessem compor o *blend* da marca. Encontrou por aqui um mercado de cafés *commodities*. Acreditando no potencial do produto brasileiro, Illy viajou pelo interior do país e mostrou aos cafeicultores que existia um mercado disposto a pagar mais por um produto melhor. Para isso, era preciso investir na lavoura para obter grãos arábica de excelência.

A junção do incentivo de sua empresa, que fortaleceu a cadeia produtiva do café no Brasil, e do árduo trabalho de produtores que apostaram na qualidade (e na sustentabilidade) dos cafés arábica foi coroada com a criação do Prêmio Ernesto Illy de Qualidade do Café para *Espresso*. O concurso, criado em 1991, e até 2008 denominado Prêmio Brasil de Qualidade do Café para *Espresso*, é um dos mais importantes concursos de café do país. Em 2012, somou mais de 4,2 milhões de dólares distribuídos aos produtores do grão.

Outro importante concurso que atesta o alto nível dos cafés nacionais e retrata esse novo momento da cafeicultura brasileira é o Cup of Excellence. Criado em 1999 no Brasil, atualmente ocorre em vários países produtores de café. Os vencedores vendem suas sacas para o mundo inteiro em leilões virtuais e elas podem alcançar um valor até quarenta vezes maior que no mercado de cafés gourmet. Assim, hoje em dia, em cada xícara dos melhores *blends* de cafés do mundo há, quase sempre, um gostinho de grãos brasileiros.

A REVOLUÇÃO DO ROBUSTA

A corrida pela qualidade dos cafés brasileiros atingiu também o mercado dos cafés robusta. Utilizado pela indústria de cafés tradicionais, os cafés robusta são naturalmente mais amargos do que os cafés da espécie arábica, reconhecidos por sua acidez e doçura e consumidos como produto gourmet na Europa, nos Estados Unidos e, mais recentemente, na Ásia. A história do robusta no Brasil acabou por torná-lo um produto de baixo valor comercial e sofrível em termos sensoriais: ele sofreu descuidos na colheita e na secagem (feita em grandes volumes e altas temperaturas), que proporcionava um gosto fermentado e de fumaça. Era muito utilizado na produção de café solúvel – pelo teor de sólidos solúveis mais elevado do que o do arábica, além de um custo menor de produção e alto índice de produtividade.

Desde os anos 1990, porém, o robusta vem sofrendo uma verdadeira revolução. O epicentro dessa transformação é o Espírito Santo, estado responsável por 75% da produção nacional da variedade e onde o café representa 43,6% do PIB. Em 2012, foram produzidos 9,71 milhões de sacas no estado (o Brasil produziu ao todo 12,48 milhões), o que corresponde a cerca de um quinto da produção mundial de robusta. Os primeiros passos foram dados a partir de melhoramentos genéticos, que, com outros avanços, incrementaram a produtividade da planta e o tamanho do fruto maduro. As boas práticas agrícolas, como nutrição e manejo adequados, além de irrigação controlada, ajudaram a elevar a qualidade do produto final, sustentada por programas de monitoramento conduzidos pela Abic.

A partir de 2009, investimentos importantes resultaram nos primeiros robusta finos do país, chamados de conilon CD. O termo CD é uma abreviação de cereja descascado e refere-se ao tipo de processamento por que passa o café. Esse método, largamente utilizado em cafés arábica, confere à bebida um sabor limpo, agregando mais valor ao produto.

O aumento da qualidade dos cafés robusta se refletirá, particularmente, na indústria de café solúvel. Os produtores de cafés robusta também acreditam no potencial de seus grãos de qualidade na composição de *blends* para cafés destinados ao método *espresso*, pois sua presença em *blends* de cafés arábica contribuiria para uma crema mais densa.

Mas a questão mais importante é a da demanda. Entre 2000 e 2010, a procura pelo tipo robusta cresceu a uma taxa anual de 2,5%, contra 1,5% no século passado. Boa parte desse crescimento é debitada na conta de nações emergentes, como

Rússia, China e Leste Europeu, consumidores vorazes de café solúvel. Outra fatia pertence aos países produtores, nos quais as taxas de consumo de café crescem entre 4% e 5% ao ano. Para alguns especialistas, a única variedade que pode prover esse mercado em ascensão é o robusta. Atualmente, o Vietnã é o maior produtor da variedade, ao lado da Índia e da Indonésia, e é tradicional na produção de cafés robusta pelo método lavado.

Boa parte dos novos consumidores concentra-se na Ásia e no Oriente, em países como China e Coreia. A Organização Internacional do Comércio (OIC) prevê que, até 2020, o consumo de café no mundo aumentará em 30%.

Em outubro de 2012, contabilizavam-se 1.109 marcas certificadas, de 463 empresas.

Buscando elevar a qualidade na indústria, a Abic lançou, em 2004, o Programa de Qualidade no Café (PQC), que classifica o café no mercado interno. Esse programa ajudou a reestabelecer a imagem do produto brasileiro no mercado interno, a partir de critérios por ele estabelecidos e seguidos pelas indústrias de torrefação e moagem. Assim como o primeiro, esse é um programa de adesão voluntária, e cabe à torrefadora indicar qual a categoria pretendida para sua marca. O que determina a que categoria o café pertence é a nota final, numa escala de 0 a 10, obtida com base em análises sensoriais do café na xícara.

Programas de qualidade

Em 1973 nasce a Abic, com a missão de interromper a queda vertiginosa do consumo interno de café. Para melhorar a qualidade do grão consumido pelos brasileiros, ela lança, em 1989, o Selo de Pureza Abic. O programa tornou-se a principal arma de marketing da associação e ajudou a recuperar significativamente o consumo na década de 1990. O selo da Abic garantiu ao consumidor a compra de um café puro, sem fraudes ou adição de substâncias como milho, por exemplo.

Símbolos de Qualidade do PQC

Tradicional	Superior	Gourmet

Perfis do Sabor

São três categorias definidas pela Abic: os Cafés Tradicionais devem ter nota igual ou superior a 4,5; os Cafés Superiores, notas entre 6,0 e 7,2; e, para Cafés Gourmets, a nota deve estar entre 7,3 e 10. As três categorias podem ser constituídas de cafés arábica, misturados ou não com robusta. A partir da certificação, a indústria pode estampar na embalagem o Símbolo de Qualidade da categoria aprovada. Em 2012, o PQC tinha 462 marcas certificadas, 109 delas na categoria Gourmet.

Seguindo a tendência mundial de sustentabilidade, a associação criou em 2007 o Programa Cafés Sustentáveis do Brasil (PSC), que certifica os produtos como sustentáveis desde a lavoura até a industrialização. Nele, a indústria deve utilizar na lavoura grãos, certificados por entidades como Fairtrade e Rainforest Alliance (ver pp. 33-34), que devem compor pelo menos 60% do blend.

Se a Abic teve papel fundamental na indústria do café e na consequente melhora de seu produto, a BSCA foi importante na história dos cafés diferenciados ou de qualidade no país. Criada em 1991 por um grupo de produtores, a BSCA fornece certificados que atestam a qualidade dos grãos, emitidos depois de uma avaliação rigorosa do tratamento dado pelo cafeicultor à lavoura e a todas as etapas de processamento do seu café. Entre os critérios estabelecidos estão, por exemplo, a responsabilidade social e a sustentabilidade ecológica, a origem controlada, o mapeamento das áreas de produção, a colheita seletiva de grãos e o uso de embalagens apropriadas. Ao normatizar a produção em todos os seus níveis e garantir a manutenção da qualidade dos grãos, a BSCA ajuda o consumidor na escolha de um café de excelência.

Para promover esses cafés especiais, a entidade lançou em 2002 o primeiro concurso nacional de baristas. Desde essa época, o Campeonato Brasileiro de Barista acontece todos os anos no Brasil, ajudando a dar mais visibilidade à profissão. O evento, promovido pela Associação Brasileira de Café e Barista (ACBB), seleciona todos os anos o melhor barista brasileiro, primeiramente em etapas regionais e depois em uma etapa nacional, para competir no evento mundial da categoria, o World Barista Championship (WBC).

CAFÉS SUSTENTÁVEIS

A sustentabilidade na cadeia dos cafés especiais está na agenda do dia. A Europa, a América do Norte e o Japão vêm se pautando pela tendência. Sob os selos concedidos por certificadoras, são oferecidos conhecimento e treinamento para que produtores de café utilizem práticas agrícolas, econômicas e sociais responsáveis e, consequentemente, minimizem o uso de agroquímicos. Pois sustentabilidade não é só uma questão política e ecológica: ela também tem de ser economicamente viável.

A sustentabilidade também tem seu preço refletido na prateleira. Muitos consumidores ainda não pagam a mais por cafés sustentáveis, mas vários já dão preferência a eles em lugar dos convencionais. Mercados mais maduros, como os da Europa, dos Estados Unidos e do Japão, já não compram cafés que não tenham selos de sustentabilidade.

Além do sabor, um quesito fundamental para os consumidores "responsáveis" são as condições em que o café é produzido. Por isso, selos de certificadoras de prestígio internacional estampados nos pacotes de café são fundamentais para garantir a procedência do café, bem como esclarecer a maneira como são produzidos.

A maioria dos cafés de qualidade no Brasil é cultivada com práticas sustentáveis. Mas a demanda no país por esses grãos ainda é pequena em relação aos cafés tradicionais. Dos quase 20 milhões de sacas de café consumidas anualmente no país, a BSCA calcula que os cafés especiais respondam por apenas 0,5%. Também segundo a entidade, das 2,5 milhões de sacas de grãos de qualidade produzidos aqui, cerca de 1,5 milhão são exportadas sob a forma de grãos verdes, em que os selos de sustentabilidade são uma condição necessária para a sua comercialização.

Embora o mercado interno ainda seja pequeno, o Brasil é o maior produtor de cafés sustentáveis do mundo, tanto em termos de extensão de áreas certificadas quanto em volume do produto. De acordo com dados levantados pelo Instituto de Manejo e Certificação Florestal e Agrícola (Imaflora), em 2012 o país contabilizava em torno de 150 mil hectares de cafezais certificados, algo como 7 mil produtores familiares com selos de certificação.

Duas das mais importantes certificadoras internacionais, UTZ CERTIFIED e Rainforest Alliance, seguem uma série de critérios para garantir a sustentabilidade de um café. Elas certificam as principais regiões produtoras do mundo – como a América do Sul e a América Central, além da Ásia e da África, e são organizações independentes. Grosso modo, um café sustentável é produzido em fazendas que investem em questões ambientais, como manutenção de matas nativas e biodiversidade e proteção de solos e rios, e sociais, como preocupações com a saúde e a educação de seus trabalhadores. Muitas fazendas que recebem o selo estão em áreas consideradas prioritárias para a conservação, como as que se localizam, por exemplo, no Cerrado brasileiro.

Uma mostra da relevância desses cafés está em concursos promovidos por certificadoras, como o Cupping for Quality, da Rainforest Alliance. Desde 2003, ela promove tais provas duas vezes ao ano em importantes eventos de cafés especiais. O Brasil também participa desses *cuppings*, que reúnem pelo menos uma dezena de outros países produtores, como Colômbia, Costa Rica, El Salvador, Etiópia, Guatemala, Honduras, Indonésia e México.

Os consumidores brasileiros precisam conhecer melhor a importância das certificações e as diferenças dos cafés qualificados como orgânicos. A produção de um café orgânico, por exemplo, foca apenas nos quesitos ambientais, ou seja, na ausência de agroquímicos.

COMO TUDO COMEÇOU

A ideia de sustentabilidade está intrinsecamente relacionada à de comércio justo. Por isso, se formos traçar a história dos cafés sustentáveis, ela começaria na década de 1980. Tudo começou quando o conceito de comércio justo (*fair trade*), ideia existente há mais de quarenta anos, tomou uma forma mais acabada no comércio cafeeiro com a criação da primeira marca de cafés sustentáveis – a Fairtrade Max Havelaar – , iniciativa de uma agência de desenvolvimento holandesa chamada Solidaridad.

O primeiro café *fair trade*, fabricado no México, foi vendido em supermercados da Holanda. Ele recebeu o selo Max Havelaar, referência a um personagem de ficção que, no século XIX, se opunha à exploração dos catadores de café nas colônias holandesas.

No início dos anos 1990, a iniciativa Max Havelaar seria replicada em vários mercados da Europa, como Bélgica, Suíça, Dinamarca, Noruega e França, além da América do Norte. Outros selos seriam criados, como o Transfair (Alemanha, Áustria, Itália, Estados Unidos e Japão), o Fairtrade Mark (Inglaterra e Irlanda), o Rättvisemärkt (Suécia) e o Reilu Kauppa (Finlândia).

UTZ Certified

Outro programa importante na certificação de cafés sustentáveis é o UTZ Kapeh. Foi fundado em 1997 por produtores da Guatemala e por um torrefador de café da Holanda e seu nome significa "bom café" na língua maia *quiche*. Os primeiros escritórios foram abertos na Guatemala em 1999 e na Holanda em 2002. Em março de 2007, a Utz Kapeh mudou de nome para UTZ CERTIFIED Good Inside e tornou-se um dos principais programas de certificação de cafés no mundo. Ao profissionalizar o produtor nas questões econômicas, ambientais e sociais relacionadas ao café, garante a rastreabilidade do produto e a implementação de gestão. Desde 2008, o programa tem se voltado para outras *commodities*, como cacau, chá e óleo de dendê.

Atualmente, as certificações estão voltadas à inclusão de pequenas e médias propriedades, com certificações em grupo. A UTZ também firmou parceria com o programa de certificação do governo de Minas Gerais, o Certifica Minas. Um de seus novos projetos, iniciado na América Central, propõe o tratamento de águas residuais advindas do processamento do café. Um projeto-piloto desse tipo será iniciado no Brasil em 2013.

Rainforest Alliance

No Brasil, a Rainforest Alliance atribui desde 1997 à Imaflora a responsabilidade pela certificação de cafés brasileiros sob esse selo. O programa de agricultura da Rainforest Alliance faz parte da Sustenaible Agriculture Network (SAN), uma coalizão de grupos de conservação que faz a conexão entre agricultores responsáveis e consumidores conscientes. O programa trabalha para garantir a conservação da biodiversidade e garantir modos de vida sustentáveis a partir de transformações nas práticas agrícolas, nos negócios e no comportamento do consumidor.

Associações

No cenário internacional, uma das associações de cafés especiais de maior prestígio no mundo é a Special Coffee Association of America (SCAA). O principal objetivo da entidade, criada em 1982, é promover o consumo de cafés de qualidade nos Estados Unidos. É ela a organizadora do World Barista Championship (WBC), concurso mundial de baristas.

Também a Specialty Coffee Association of Europe (SCAE), parceira da SCAA, faz um importante trabalho na Europa. Fundada em 1998, reúne membros de mais de setenta países e foi a responsável pela criação de outros campeonatos, como o Coffee in Good Spirits. Embora com particularidades, cada uma dessas associações promove certificação de baristas.

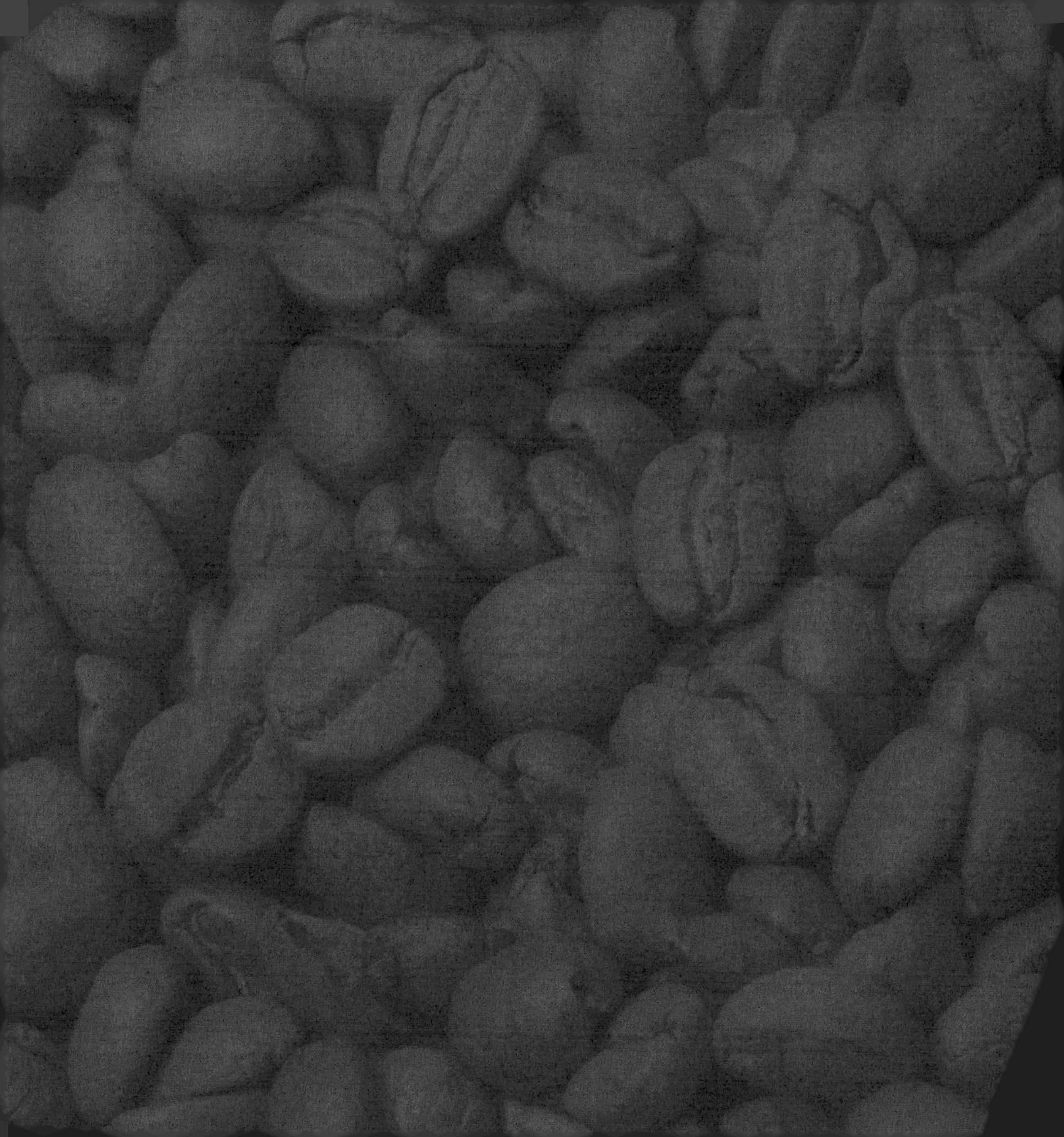

CAPÍTULO 3
Café: da semente ao empacotamento

CONCETTA MARCELINA

Botânica do gênero *Coffea*

O café é um arbusto da família das rubiáceas (*Rubiaceae*) – família com aproximadamente 11 mil espécies – pertencente à classe das angiospermas. O gênero *Coffea* agrupa 103 espécies distribuídas em três seções e foi batizado pelo naturalista francês Antoine-Laurent Jussieu, em 1716.

Do gênero *Coffea*, destaca-se a seção *Eurocoffea* que reúne as mais importantes espécies de cafeeiros:

Quadro 1. Importantes espécies de cafeeiros

Gênero	Seção	Subseção	Espécie
Coffea	Eucoffea	Erythorocoffea	C. arabica, C. congensis, C. canephora, C. eugenioides.
		Melanocoffea	C. stenophylla
		Pachycoffea	C. liberica, C. dewevrei, C. klainii.
		Nanocoffea	C. heterocalyx, C. humilis, C. anthonyi, C. kapakata

Fonte: Carvalho, 2008.

O arbusto cresce geralmente de 2 a 2,5 metros, mas pode chegar a 10 metros de altura. Os fatores que influenciam seu crescimento são a latitude e a altitude, a temperatura, o índice pluviométrico do local onde for plantado, a quantidade de sol que a planta recebe, a natureza do solo e também o sistema de cultivo. O cafeeiro produz flores com aromas que lembram jasmim e em seus frutos, chamados cerejas, encontramos as sementes que darão o grão de café. Cada fruto do gênero *Coffea* possui duas sementes, ou seja, dois grãos de café em uma fava de formato ovalado com um lado chato. Por essa razão, é chamada de grão chato.

Quando um dos dois óvulos não é fecundado, surge apenas uma semente. Neste caso, o grão único preenche o vazio deixado pelo outro e a fava toma a forma arredondada (Teixeira, 1999), conhecida pelo nome de moca, *perla* (em italiano), *caracolito* (em espanhol) ou *peaberry* (em inglês) (Sandalj & Ecardi, 2003).

Ocasionalmente, por causa de uma variação genética, a fava poderá conter três ou mais sementes, no caso de ovários triloculares ou pluriloculares (Rena, 1984). Quando este tipo de semente é utilizado na produção do café, a qualidade do produto final é sensivelmente afetada.

Grão chato.

Moca.

Sementes oriundas de favas triloculares.

PARTES DO FRUTO

O fruto é composto por:

- **EXOCARPO (EPICARPO)** – é a camada externa do fruto, chamada de casca. Quando maduros, dependendo do cultivar escolhido, poderá ter coloração avermelhada ou amarela.
- **MESOCARPO (POLPA)** – também chamada de mucilagem, é uma substância adocicada e gelatinosa existente entre o exocarpo e o endocarpo.
- **ENDOCARPO** – conhecido como "pergaminho", é coriáceo e envolve cada semente.
- **SEMENTE** – ligeiramente aderida ao endosperma, possui uma película prateada clara e seu endosperma tem coloração verde. Possui formato plano-convexo, elíptico ou oval, sulcada longitudinalmente na face plana. Fazem parte da semente o espermoderma (película que envolve o endosperma, é prateada ou castanha dependendo da espécie), o endosperma (tecido de maior volume na semente, de cor azul esverdeada ou amarelo pálida, dependendo da espécie, é composto por água, aminoácidos, proteínas, cafeína, lactonas, triglicerídeos, açúcares, dextrina, pentosanas, galactomananas, celulose, ácido cafeico, ácido clorogênico e minerais), e o embrião (localizado na superfície convexa da semente, medindo de 3 mm a 4 mm, é formado por hipocótilo e dois cotilédones) (Carvalho, 2008).

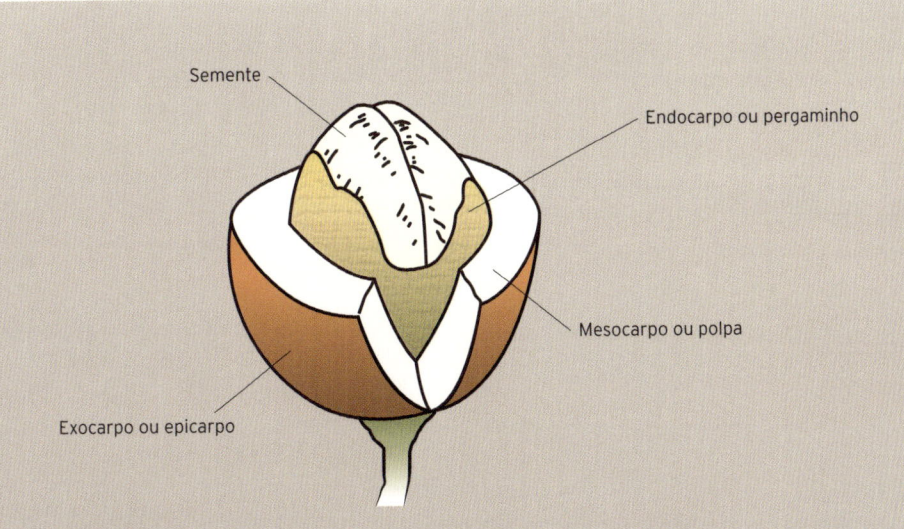

Ilustração: Fabiana Fernandes

CULTIVO

O café é cultivado na faixa compreendida entre os trópicos de Câncer e Capricórnio, em altitudes que variam do nível do mar a 3.500 metros. Quanto mais perto da linha do Equador, menor a altitude necessária para o seu plantio em razão das características do clima.

Atualmente, o café é cultivado em 54 países. Originárias da África e de algumas ilhas do oceano Índico, existem cerca de 25 espécies importantes da família *Coffea*, como *Coffea liberica* e *Coffea excelsa*, embora apenas duas tenham interesse econômico: a *Coffea arabica* e a *Coffea canephora*.

A *Coffea arabica* representa cerca de 70% da produção mundial e a *Coffea canephora*, conhecida genericamente por sua variedade robusta, apenas 20%. Cada uma dessas espécies possui variedades distintas.

Diversas plantas do nosso dia a dia podem ser categorizadas da mesma forma que o café. Observe o exemplo do quadro 2, que mostra três espécies da família das rutáceas e suas variedades.

As três espécies do quadro 2 pertencem à família das rutáceas e ao gênero *Citrus*, mas cada uma pode apresentar variações genéticas. Com o café acontece o mesmo: cada uma das espécies possui características genéticas que as diferenciam entre si e padrões morfológicos que agrupam as variedades distintas.

Quadro 2. Espécies e variedades do gênero *Citrus*

Espécie	Variedade
Laranja *Citrus × sinensis*	Lima Pera Bahia Cavalo Seleta
Tangerina *Citrus reticulata*	Murcot Poncã Mexerica
Limão *Citrus × limon*	Taiti Cravo Galego Siciliano

A *Coffea arabica*, quando chegou ao Brasil, foi chamada de nacional ou comum. Em 1913, o estudioso Cramer, ao descrever as plantações do Brasil, deu o nome de *Typica* por representar o *typus* da espécie. Por essa razão, a variedade foi durante muitos anos chamada de *Typica* e genericamente de Arábica. Características:

- tetraploide, possui 44 cromossomos e é autofértil;
- apresenta de 7% a 15% de fecundação cruzada, por causa de insetos, ventos e outros agentes (Vieira & Kobayashi, 2002);
- é mais delicada com relação às intempéries e mais suscetível a pragas;
- prefere altas altitudes, entre 800 e 2.000 metros, e clima ameno, com temperaturas que variam entre 15 °C e 24 °C;

- o período entre a floração e o amadurecimento do fruto é de nove meses e a planta pode medir de 6 a 8 metros de altura em seu estado selvagem; [1]
- o formato de seus grãos é ovalado e de coloração amarelo-esverdeada, possuindo 0,9% a 1,3% de cafeína;
- características organolépticas: uma bebida leve e aromática, que pode ser tomada pura, sem nenhum *blend*.

Já a *Coffea canephora* foi introduzida no Brasil por volta de 1920, no estado do Espírito Santo. Por ser autoestéril, sua reprodução se deu por meio da multiplicação sexuada de plantas matrizes, a partir da variedade conilon (Fonseca, 2002).

Características:
- diploide, possui 22 cromossomos e é autoestéril;
- é bastante resistente às pragas e ao calor;
- pode ser plantada desde o nível do mar até cerca de 900 metros de altitude e aceita temperaturas mais elevadas que variem de 24 °C a 29 °C;
- o período entre a floração e o amadurecimento do fruto é de 10 a 11 meses e a planta pode medir de 8 a 10 metros de altura em seu estado selvagem;[2]
- o formato de seus grãos é arredondado e de coloração marrom-amarelada, possuindo de 1,6% a 2,5% de cafeína;
- seu paladar é mais encorpado e adstringente, além de ser menos aromático e, por possuir grande quantidade de sólidos solúveis, é muito utilizada na elaboração de cafés solúveis (Carvalho, 2008, p. 46).

---

1 Ver site da Organização Internacional do Café, disponível em http://www.ico.org/pt/botanical_p.asp?section=Sobre_o_café, na seção Sobre o café: aspectos botânicos. Acesso em 9/11/2012.

2 *Ibidem.*

Grão conilon.

Pelas características organolépticas de cada espécie, podemos entender porque a *Coffea arabica* é a espécie mais cultivada no mundo todo.

A escolha da espécie a ser plantada depende de vários fatores, como condições ambientais do local escolhido, volume de produção, resistência da planta a pragas, tamanho do pé, tamanho dos grãos e qualidades organolépticas. Como grande parte do cultivo, principalmente de arábica, deriva de um pequeno número de plantas, os cientistas buscam na base genética das plantas silvestres os traços que possam servir para melhoramento das variedades, reforço contra pragas e aumento de produtividade sem comprometer suas características organolépticas (Sandalj & Eccardi, 2003).

ESPÉCIES DE CAFÉ CULTIVADAS NO BRASIL

O Brasil possui o maior banco genético de café do mundo, o Instituto Agronômico de Campinas (IAC), com mais de 60 mil registros, entre diferentes espécies e variedades. O Instituto foi criado em 1887 para orientar o agricultor de café e, desde 1932 até os dias de hoje, pesquisa melhorias genéticas nos cultivos. Por meio dessas pesquisas e do melhoramento do cafeeiro, o IAC desenvolveu dezenas de formas de cultivo e linhagens de café e acumulou extenso conhecimento sobre suas características e seus comportamentos nas diversas regiões brasileiras.[3] Desde 1935, esse programa é coordenado pelo doutor Alcides Carvalho, um nome muito importante na história do café no Brasil.

Veja no quadro 3 algumas das variedades da espécie *Coffea arabica* mais conhecidas no Brasil:

---

[3] Ver no site do Instituto agronômico de Campinas a página do Centro de Café Alcides Carvalho, http://www.iac.sp.gov.br/areasdepesquisa/cafe/centrocafe2.php. Acesso em 16/12/2012.

Quadro 3. *Coffea arabica*

Variedade	Características principais
Bourbon vermelho	As primeiras sementes dessa variedade chegaram em 1859 trazidas pelo governo central das ilhas Reunião, no continente africano. Logo de início, ela superou em produtividade a variedade *Typica*.
Sumatra	Em 1896, chegaram as sementes da ilha Sumatra, que eram maiores que as do Bourbon. Porém, suas produções não foram muito animadoras.
Algumas variedades surgiram no Brasil graças a raras mutações genéticas. Em 1871, foi encontrado pela primeira vez um pé de café com frutos da cor amarela na cidade de Botucatu, no estado de São Paulo.	
Bourbon amarelo	Surgiu em 1930 de um híbrido natural entre o Bourbon vermelho e o amarelo de Botucatu. Seu fruto é bem doce. A planta apresenta porte alto, com frutos amarelos e de maturação precoce, suscetível a uma praga chamada ferrugem.
Mundo Novo	Surgiu da hibridação natural entre as plantas *Typica* e o Bourbon vermelho. Leva esse nome porque foi descoberta no município de Mundo Novo, hoje chamado Urupês, em São Paulo. É uma planta bastante vigorosa, com grande produção e que se adapta em quase todas as regiões cafeeiras do Brasil. Seu porte é alto, vigoroso, com frutos vermelhos e de maturação média. Também é suscetível à ferrugem.
Caturra	Surgiu de uma mutação do Bourbon e foi observada pela primeira vez em 1935. Sua planta é baixa e compacta, com folhas e frutos numerosos. Essa variedade serviu de base para a criação de novos híbridos nos últimos anos. É uma planta mais resistente a doenças.
Acaiá	Proveniente do cruzamento natural entre o Sumatra e o Bourbon vermelho no século XIX, na Bahia. A planta possui porte alto, frutos vermelhos e de maturação mais uniforme. Também é mais suscetível à ferrugem e possui os maiores grãos de todas as variedades da espécie arábica.
Catuaí vermelho ou Catuaí amarelo – *Catuaí em língua guarani significa "muito bom"*	Surgiu de um cruzamento entre Mundo Novo e Caturra, em 1949. A planta consegue ser mais resistente ao vento e à ferrugem que as demais. Também resiste bem à seca. Possui porte baixo e ramificação secundária abundante, produz frutos vermelhos na variedade vermelha e amarelos na variedade amarela.
Icatú vermelho e Icatú amarelo	Nasceu de um cruzamento entre um híbrido arábica com um robusta (cujos cromossomos foram artificialmente duplicados), e, em seguida, cruzados com um Mundo Novo e depois com um Catuaí. A planta possui porte alto, vigoroso, frutos vermelhos e amarelos, dependendo da variedade, e maturação média a tardia. É a espécie mais resistente à ferrugem e ao frio.
Rubi	É o cruzamento artificial entre Mundo Novo e Catuaí. A planta possui porte baixo com frutos vermelhos e maturação ligeiramente mais precoce e uniforme que o Catuaí. Apresenta elevada capacidade produtiva e é resistente à ferrugem.

Fonte: Carvalho, 2008. pp. 70-74.

VARIEDADES ATUAIS

Gradativamente novas variedades estão sendo introduzidas na cafeicultura brasileira, a partir da década de 1990 e principalmente nos anos 2000. Trata-se de híbridos, com ou sem resistência a doenças, como novas linhagens do Mundo Novo LCMP-376-4, entre outras; cultivares IBC-Palma 1 e 2; Sabiá; Saira; Katipó; Iapar 59; Sarchimor Amarelo; Oeiras; Paraíso; Catiguá; Pau-Brasil; Sacramento; Araponga; Aranãs; Ouro Verde; Topázio; Ouro Bronze; Maracatiá; Acauã; Asabranca; Siriema; entre outras variedades (Matiello *et al.*, 2015, pp. 65-80).

Com relação à espécie *Coffea canephora*, existem dois grupos bastante distintos em função de sua origem geográfica: o Guineano e o Congolês. O grupo Guineano é proveniente de populações selvagens da Costa do Marfim. No Brasil, os cafés chamados de conilon (derivação gramatical da palavra *Kouilou*) são representantes do grupo Guineano. Já o grupo Congolês é proveniente de populações selvagens da República Centro-Africana, dos Camarões e do Congo e são chamados no Brasil de Robusta. Existe certa confusão em relação ao nome dessas duas cultivares porque a espécie *Coffea canephora* é chamada genericamente de Robusta. Outras variedades menos conhecidas são o Guarini, Laurentii, Oka, Uganda, Classifolia, Bukobensis, Ambrio, Cazengo, etc. (Carvalho, 2008).

Veja no quadro 4 algumas das variedades do *Coffea canephora* e suas características:

Quadro 4. *Coffea canephora*	
Variedade	Características principais
Conilon (*Kouilou*)	As primeiras sementes plantadas no IAC são provenientes do Espírito Santo, onde é amplamente plantado. Em 1970 passou a despertar interesse econômico por apresentar resistência a ferrugem. A planta possui porte médio alto e seus frutos quando maduros apresentam cor vermelha ou vermelha-clara, com formato oblongo, sementes pequenas com tamanho de peneira de 13 a 15. A produtividade é alta.
Robusta	A planta possui porte alto e seus frutos apresentam cor vermelha e de maturação tardia, entre os meses de julho e agosto. As sementes são grandes, de formato oblongo, com tamanho entre 16 e 19, com uma média de 17. Possui alta produtividade e resistência moderada a ferrugem.
Guarini	A planta possui porte alto com folhas grandes. Seus frutos quando maduros apresentam a cor vermelha e sementes grandes de formato oblongo. São muito semelhantes ao cultivar Robusta, porém com tamanho de peneira média de 16, variando de 15 a 18. Possui boa resistência a ferrugem.
Bukobensis	A planta possui porte médio, semelhante ao cultivar conilon. Seus frutos quando maduros são vermelhos e o tamanho das sementes é médio. Possui boa resistência a ferrugem.

Fonte: Carvalho, 2008. p. 266.

Mais recentemente foram desenvolvidos os clones da variedade conilon, como o Vitória Incaper 8142, e em 2015, o Diamante Incaper 8112, o Jequitibá Incaper 8122, o Centenária Incaper 8132 e o Clone Ouro Preto, lançado pela Embrapa Rondônia (Matiello *et al.*, 2015, p. 81).

CICLO DE VIDA

A duração de uma planta do gênero *Coffea* é, em média, de vinte a trinta anos, mas pode chegar a oitenta. Podemos dividir seu ciclo de vida em três fases: crescimento (da germinação até quatro ou sete anos depois, quando está formada), fase produtiva (a mais longa, que pode durar entre quinze e 25 anos) e de declínio (fisiológico, que termina com a morte da planta) (Sandalj & Eccardi, 2003). No Brasil, raramente são encontrados pés de café com mais de 30 anos, pois sua produtividade tende a diminuir com o tempo. Alguns produtores mais conscienciosos buscam formas alternativas de compensar os nutrientes que a planta necessita para continuar produzindo mesmo em idade avançada.

Reprodução da semente

Ao escolher as sementes para o plantio, o produtor deve levar em conta as características desejadas na espécie de café e nas diversas variedades.

Cada semente plantada com o embrião vivo dará origem a um pé de café. A reprodução deverá preferencialmente ser feita com o fruto maduro e seco. Estudos indicam que a semente germina mesmo estando em estágios diferentes de desenvolvimento, como nos estágios "chumbinho" (a primeira fase do crescimento do fruto) ou "verde-cana" (uma fase anterior ao amadurecimento do fruto), mas em porcentagens muito inferiores que os frutos maduros (Lima, 1999). Os frutos escolhidos para a reprodução serão delicadamente despolpados, evitando assim que a semente sofra fermentação, o que originaria a morte do embrião.

Cada semente com o pergaminho é plantada em um tubete parecido com um tubo de ensaio de plástico ou saquinho plástico preparado com um substrato formado de terra rica em matéria orgânica, adubo orgânico e adubos minerais. As sementes precisam estar em uma temperatura

Muda de café em tubete.

Muda com as raízes expostas.

entre 25 °C e 35 °C para que ocorra a germinação. Temperaturas acima de 35 °C são prejudiciais e impedem a germinação (Lima, 1999). A germinação ocorre em três ou quatro semanas, quando o broto sobe à superfície da terra ainda com o pergaminho e é chamado de palito de fósforo. Pouco depois, aparecem as duas primeiras folhas, de formato oval e bordas corrugadas, medindo entre 20 mm e 40 mm de diâmetro, chamadas de orelha de onça ou brácteas (Sandalj & Eccardi, 2003). Pouco depois, em torno de três a quatro semanas, essas folhas serão substituídas por folhas em forma elíptica e delgada, medindo em torno de 12 cm, de coloração verde-clara. Depois se tornarão verde-escuras; essa cor acompanhará o crescimento da planta.

O café também poderá ser reproduzido pelo método de estacamento, pelo qual se obtém plantas geneticamente idênticas. Escolhe-se uma planta "mãe" e cortam-se alguns raminhos de 10 cm de comprimento, contendo duas folhas cada um. Esses pequenos ramos são plantados em terra adubada com húmus e, em algumas semanas, nascerão novas folhas e raízes. A partir daí a planta é transplantada em saquinhos de plástico, onde permanece por alguns meses (Sandalj & Eccardi, 2003).

Um terceiro sistema, bastante utilizado em pesquisas, é o de reprodução *in vitro*, que também gera indivíduos idênticos.

Assim que a planta germina, ela necessita de proteção contra ventos fortes, chuvas pesadas, excesso de sol e ataques de insetos e pássaros.

Por isso, são criados os viveiros de mudas que funcionam como uma incubadora, oferecendo toda proteção necessária para que a planta possa se desenvolver, assim como adubos para crescer forte e saudável. Esses viveiros são cobertos com telas, que amenizam a incidência do sol e o impacto de chuvas pesadas.

O plantio

O café cresce em vários tipos de solo, mas o terreno mais adequado para o seu cultivo deve ter uma quantidade equilibrada de nitrogênio, potássio, magnésio, cálcio e fósforo, além de outros micronutrientes. Eles são de grande importância para a planta porque garantem crescimento, desenvolvimento e produção adequados, além de aumentar sua resistência ao ataque de pragas e doenças. Os solos tropicais, geralmente, caracterizam-se pela baixa fertilização. Por isso, a nutrição da planta precisa ser feita por meio da adubação (Prado, 2003). Além disso, o solo deve ter boa drenagem para que as raízes não apodreçam.

De modo geral, após o primeiro ano de vida no viveiro, a planta deverá apresentar três pares de folhas e tamanho equivalente a 50 cm, estando apta a ser transferida ao local de cultivo por possuir maior resistência às intempéries da lavoura. As mudas são transplantadas nos próprios saquinhos ou tubetes em que foi realizada a reprodução, que logo serão descartados para que as

Viveiro de mudas.

Cafezal.

raízes se aprofundem no solo, permitindo o crescimento da planta.

O produtor separa sua lavoura em talhões para melhor identificação da plantação de café: assim, ele saberá que em determinado talhão foi plantada uma determinada espécie e variedade, identificada com a data do plantio, as adubações feitas, a data de capinagem, colheita e podas e a vida útil daqueles pés de café. Não existe um tamanho padrão de talhão, pois cabe a cada produtor determiná-lo conforme o manejo da lavoura. O tipo de solo e sua inclinação, a forma como será feita a colheita e a espécie e variedade escolhidas determinam o espaçamento entre os pés plantados: os plantios mais tradicionais preveem 3 mil plantas por hectare; o de tipo adensado comporta entre 3 e 7 mil pés por hectare e o superadensado mais de 7 mil plantas por hectare.

Na América Central e na Colômbia, costuma-se utilizar de 6 mil a 10 mil pés por hectare. Vale lembrar, entretanto, que a topografia bem acidentada e a maior incidência de chuvas são características influentes e bastante diferentes daquelas encontradas no Brasil.

O sistema de cultivo também é levado em consideração no plantio da muda. No Brasil, o mais utilizado é a plantação a pleno sol, o que eleva a produtividade por hectare. Nessa condição, a planta intensifica sua atividade de fotossíntese, requerendo uma quantidade maior de fertilizantes para produzir. Mas é preciso considerar que o potencial de produtividade de uma lavoura está

Muda de café.

diretamente relacionado à capacidade de adaptação de uma variedade às condições agroclimáticas de uma região.

A influência dos níveis de sombreamento nos pés de café tem sido objeto de estudo no Brasil por parte de pesquisadores da Embrapa e de universidades de agronomia.

Estudos realizados sobre a arborização da lavoura cafeeira indicam que as regiões do Nordeste podem ter uma arborização mais densa para reduzir os prejuízos com a estiagem para uma alternativa à irrigação. As pesquisas ainda são poucas, mas alguns critérios já são definidos e as árvores devem ser escolhidas, conforme explicam Matiello *et al.*, levando em conta diversas observações: ter um sistema radicular profundo, o que reduz a concorrência em água e nutrientes com os pés de cafés; crescimento rápido para uso em curto prazo; possuir copa rala, que deixa passar parte da luz solar; e formação de copa sem a necessidade de podas (Matiello *et al.*, 2015, p. 462).

MANUTENÇÃO DA LAVOURA: TRATOS CULTURAIS

Solo

Para que a planta cresça e frutifique, é necessário que o solo seja fértil. As principais razões para o empobrecimento do solo são a erosão e a não reposição de material orgânico. Nutrientes como nitrogênio, fósforo, potássio, cálcio, magnésio e enxofre são essenciais, além de ferro, zinco, boro, cloro, cobre, manganês e molibdênio. Algumas das principais funções desses nutrientes estão listadas no quadro 5.

Há necessidade constante de coleta de amostras de solo para acompanhamento e correções, pois a deficiência ou o excesso de nutrientes pode causar uma queda na produtividade.

Alguns cafeicultores também utilizam a chamada "cama de galinha" (esterco de frango) para adubação, que é rica em potássio, e outras técnicas ambientalmente sustentáveis, como a palha de café após o beneficiamento e o esterco de boi, aplicados na lavoura durante e após a florada (Barros, 2001). É utilizado ainda o sistema de "deitar o mato" que cresce entre as ruas do cafezal, para que se transforme em material orgânico e proteja a terra. Essas técnicas são utilizadas independentemente do tamanho da fazenda, mas requerem maior quantidade de mão de obra.

Quadro 5. Principais funções de nutrientes	
Nutrientes	Funções
N – *Nitrogênio*	Auxilia na formação da parte vegetativa (juntamente com o potássio), formação e desenvolvimento das gemas floríferas, menor incidência de morte descendente dos ramos.
P – *Fósforo*	Possibilita a absorção dos macro e micronutrientes (juntamente com o magnésio), formação do fruto, modulação e formação de reserva de amido.
K – *Potássio*	Auxilia na formação da parte vegetativa, na formação e no transporte dos carboidratos e do amido, no crescimento do fruto e em menos chochamento.
Ca – *Cálcio*	Atua no desenvolvimento de raízes, melhora a absorção de macro e micronutrientes, aumenta a tolerância à salinidade e à toxidez de alumínio e manganês, além de melhorar o pegamento de florada.
Mg – *Magnésio*	Colabora na formação da parte vegetativa e na absorção dos elementos (juntamente com potássio e cálcio).
S – *Enxofre*	Auxilia na formação da parte vegetativa (juntamente com o nitrogênio).
B – *Boro*	Participa na absorção de nutrientes (juntamente com potássio, cálcio e magnésio); atua no crescimento da raiz (juntamente com cálcio), no número e na diferenciação das gemas florais, no pegamento da florada e no tamanho do fruto.
Cl – *Cloro*	Atua na fotossíntese e no crescimento geral da planta e no transporte de açúcares para o fruto.
Cu – *Cobre*	Atua na fotossíntese e no crescimento geral da planta, na resistência a enfermidades e possui efeito tônico (atuando na coloração das folhas verdes e menor desfolhamento e queda de frutos).
Fe – *Ferro* Mn – *Manganês*	Auxiliam na fotossíntese e no crescimento geral da planta.
Mo – *Molibdênio*	Participa da utilização do nitrogênio pela planta (juntamente com fósforo, selênio e ferro).
Zn – *Zinco*	Atua no crescimento de internódios e dos frutos.

Fonte: Prado & Nascimento, 2003.

Irrigação

O sistema hídrico da planta precisa de constante acompanhamento. Originárias de regiões africanas, as espécies do gênero *Coffea* desenvolveram uma considerável tolerância a seca – a precipitação anual de seu país de origem é em torno de 1.500 mm a 2.000 mm, com 120 mm a 150 mm/mês no período chuvoso e 3 a 4 meses de inverno com média mensal de 40 mm a 70 mm consecutivos (Fernandes, 2008). Dessa forma, a principal função da irrigação é regular o suprimento de água da planta a partir das condições climáticas em que o café será plantado.

A correta aplicação de métodos de irrigação é fundamental durante a frutificação da planta do café. Pequenas reduções na disponibilidade de água para a planta podem diminuir seu crescimento, mesmo não sendo observados a murcha nas folhas ou outro sinal de déficit hídrico. Essa redução trará menor quantidade de "nós" disponíveis para a formação de flores e consequentemente menor produção de frutos (Rena & DaMatta, 2002). A escolha do método para irrigação depende de vários fatores, como o espaçamento entre os pés de café, as espécies e as variedades escolhidas, a topografia, o tipo de solo e a face de sol, os recursos hídricos disponíveis, disponibilidade de mão de obra e também de recursos financeiros disponíveis para aquisição dos equipamentos (Fernandes, 2008). Em regiões como o cerrado mineiro e o oeste baiano, onde as lavouras cafeeiras são quase totalmente conduzidas por sistemas de irrigação, observa-se o aumento da produtividade.

Veja no quadro 6 alguns sistemas de irrigação e como são utilizados:

Quadro 6. Sistema de irrigação e sua utilização

Tipos de irrigação	Sistema	Utilização
Gotejamento	A água, sob pressão, é conduzida até a lavoura por meio de tubos ou mangueiras. O gotejamento ocorre somente na raiz da planta.	Como o gotejamento molha somente a raiz do cafeeiro, há menor perda por evaporação da água. Pode ser utilizado em áreas montanhosas e em qualquer tipo de solo.
Aspersão convencional	Muito usada na agricultura, é feita por equipamentos que lançam jatos de água, como um chuvisco, sobre as folhas.	Em pequenas propriedades, utiliza-se muito esse sistema, pois ele se adapta a qualquer tipo de declive de solo, tem baixo custo de implantação e pouca exigência de qualidade da água.
Aspersão com pivô central	A água é levada por um equipamento composto por dutos e movimentada em círculos. Normalmente, o pivô possui rodas e torres em formato de triângulo, para se movimentar na lavoura.	Não é recomendável em solos com declive acima de 20%, por causa das áreas que ficam fora do círculo do equipamento. Mesmo assim, muito utilizado, pois apresenta entre 80% e 85% de uniformidade da irrigação e baixa necessidade de mão de obra.
Aspersão com pivô central – *Low Energy Precision Aplication* (Lepa)	Conforme o nome indica, esse sistema possui uma *aplicação precisa de água com baixo consumo energético*. É semelhante ao pivô central, mas o dispositivo Lepa permite a localização da área exata para aplicação de água sobre a copa dos cafeeiros, deixando as ruas secas.	Ocorre menor desperdício de água e de energia, mas também existem limitações de uso. Em terrenos com declividade acima de 20%, por exemplo, seu custo inicial é superior ao do pivô central.
Tripa ou tubos de polietileno perfurados a laser	É um misto dos sistemas de aspersão e localizado, utilizando jatos finos de água para cima, que molham da saia ao terço médio dos pés de café e não causam erosão ao solo.	Pelo baixo custo de implantação, esse sistema tem sido muito utilizado, mas há desvantagens: é necessário o uso de filtros para evitar entupimentos e sua utilização em áreas acidentadas e lavouras semiadensadas é difícil.

Fonte: Fernandes, 2008, pp 105–107.

CONTROLE DE DOENÇAS E PRAGAS

Uma plantação de café é um ambiente bastante favorável ao aparecimento de populações de insetos e parasitas, além de seus predadores. No quadro 7 estão resumidas as principais doenças e pragas que podem atingir essas lavouras e os meios mais eficazes para combatê-las.

Outros fungos e insetos conhecidos são o ácaro vermelho, as cigarras, a cochonilha, as lagartas, a mosca-do-café, os nematoides e as manchas de olho pardo, entre outros.

O desafio dos agricultores é controlar essas infestações que, em sua maioria, são causadas por um desequilíbrio biológico. Nesse combate, deve-se levar em conta o meio ambiente, pois o uso de pesticidas pode contaminar o solo, os lençóis freáticos e ser altamente nocivo a quem o aplica. Pesquisas recentes apontam também a interação entre a nutrição da planta e a sua recuperação ou redução ao ataque de algumas doenças e pragas do cafeeiro (Matiello *et al.*, 2015, p. 279).

No artigo "Monitoramento das principais doenças e pragas do cafeeiro" (2007), Antonio Fernando de Souza, doutor em fitopatologia pela Universidade Federal de Viçosa, recomenda o monitoramento das pragas e doenças do cafeeiro como uma ferramenta importante para o controle fitossanitário. Independentemente do tamanho da propriedade, Souza sugere metodologias de coleta de amostras, fundamentadas em padrões científicos e com possibilidades de execução no campo. A avaliação e o monitoramento corretos de doenças e pragas deve ser uma prática rotineira nas plantações de café para evitar o uso desnecessário de produtos químicos, mão de obra e equipamentos, o que acarreta maior custo na produção.

Quadro 7. Principais doenças e pragas

Doença/praga	Características	Como combatê-la
Ferrugem	É uma doença provocada por um fungo microscópico (*Hemileia vastatrix*) que ataca as folhas da planta. Os primeiros sintomas da enfermidade são pequenas manchas circulares de cor amarela ou laranja de 0,5 cm de diâmetro que se instalam na face inferior da folha. No estágio mais avançado, algumas partes do tecido foliar são destruídas e necrosadas.	É necessário conhecer a evolução da doença na lavoura para, dessa forma, fazer um programa de controle eficiente, com fungicidas protetores. Entre as medidas gerais de controle estão: a) fazer sempre uma adubação equilibrada; b) plantar linhagens resistentes; c) fazer desbrotas, evitando o excesso de hastes e, consequentemente, o autossombreamento.
Broca	O inseto adulto (*Hypothenemus hampei*) é um pequeno besouro preto, de cerca de 2 mm de comprimento. A fêmea adulta geralmente perfura a região da coroa dos frutos e constrói uma galeria, onde é realizada a postura dos ovos. As larvas que nascem se alimentam das sementes do café. Seu ataque ocorre em qualquer fase de desenvolvimento do fruto. Os prejuízos estão relacionados diretamente à perda de peso do café beneficiado (pela alimentação de suas larvas), ao apodrecimento de sementes, à quebra dos grãos no beneficiamento, à queda de frutos novos perfurados e à perda de viabilidade das sementes para plantio. Indiretamente, a doença afeta a qualidade, ao interferir na seleção dos grãos, reduzindo a produtividade pelo alto número de grãos brocados. Também afeta a bebida, pela penetração de micro-organismos que se alimentam do fruto.	Para evitar danos, deve-se: a) proceder à colheita benfeita, preferencialmente de forma seletiva; b) não deixar lavouras de baixa produção sem serem colhidas; c) eliminar cafezais abandonados; d) proceder ao rigoroso "repasse" (recolha de frutos na planta e no solo 7 a 15 dias após a colheita); e) monitorar a população da broca nos frutos, na época de trânsito e durante a safra; f) executar o controle químico, se necessário, por talhões.
Bicho-mineiro	O *Leucoptera coffeella* é uma mariposa branco-prateada, com cerca de 7 mm, que deposita seus ovos na parte superior da folha do cafeeiro. As lagartas passam dos ovos para o interior das folhas, onde se alimentam, formando galerias ou minas e provocando uma queda de até 70% das folhas. Isso diminui a fotossíntese, gerando uma queda de produtividade de até 50%.	O controle biológico é feito com vespas, que são predadores naturais das mariposas. Há também o controle químico, mais utilizado no Brasil, com pulverizações diretamente nas folhas, ou com granulados sistêmicos aplicados no solo.

CICLO REPRODUTIVO

A florada do café

Com o crescimento da planta, começa seu ciclo de reprodução. No Brasil, a planta floresce entre os meses de setembro e novembro, durante a primavera. Em seu segundo ano de vida – e dependendo da região –, o café inicia sua primeira florada em quantidade mínima. É como se a planta estivesse se preparando para a idade adulta. Somente no terceiro ano de vida é que a florada será plena e a produção da planta poderá ser considerada em termos comerciais.

Com as primeiras chuvas que antecedem a primavera, nascem os botões que, em alguns dias, se abrem e exalam um perfume que atrai uma multidão de insetos. A produção de pólen é muito grande – uma planta adulta pode receber, em 8 horas, grãos de pólen em quantidade suficiente para fertilizar de 20 mil a 30 mil flores (Sandalj & Eccardi, 2003, p. 84). O pólen é carregado pela ação do vento ou transportado por insetos, em sua maioria abelhas.

É a florada que determina a produção dos pés de café. As flores duram, em média, três dias. Em algumas regiões, como a de Mogiana, sul de Minas e Paraná, a florada acontece em três estágios, por causa das condições climáticas. Nesses casos, a planta produz, na primeira florada, uma quantidade menor de flores; na segunda florada, uma quantidade maior e, na terceira, uma quantidade menor novamente, intercalada mês a mês. Também dessa forma teremos pontos de amadurecimento diferentes no momento da colheita.

Já nas regiões do cerrado mineiro e no oeste da Bahia, onde o clima é mais quente, a primeira florada acontece com maior força e, geralmente, a segunda florada é menos intensa. Algumas vezes, a terceira florada não acontece. Dessa forma, teremos um amadurecimento mais uniforme. Depois que as flores caem, surgem os chumbinhos – nome que se dá ao pequeno fruto que brota no lugar da flor –, que irão crescer e amadurecer.

Floradas.

O fruto

As condições climáticas e a escolha da variedade determinam o período de crescimento e de amadurecimento dos grãos. Na espécie *Coffea arabica* isso ocorre entre seis e nove meses após a florada, enquanto na espécie *Coffea canephora* demora de nove a onze meses. Os frutos maduros são vermelhos ou amarelos. Eles são chamados de cerejas, por causa da semelhança no tamanho, independentemente de sua cor.

A produção do café é anual, porém, como acontece com a maioria das árvores frutíferas, a produtividade é significativamente maior em anos intercalados.

As causas do ciclo bienal do café no Brasil podem ser explicadas fisiologicamente, pois 90% das lavouras são cultivadas a pleno sol, utilizando para isso suas reservas energéticas para a frutificação, o que prejudica o crescimento dos ramos e reduz a safra no ano seguinte (Matiello *et al.*, 2015, p. 49).

Cerca de sete meses após a florada, o fruto amadurece e torna-se pronto para colher. Ele passará diversas fases até o amadurecimento, como a mudança de coloração da casca, que passa de verde a vermelha ou amarela; a diminuição da adstringência; e a síntese de compostos voláteis que lhe conferem o aroma de fruto maduro, como aldeídos, cetonas, ésteres e álcoois (Reis & Cunha, 2010).

No Brasil, 24 de maio é considerado o Dia Nacional do Café, pois coincide geralmente com o início da colheita, no outono, período em que as chuvas são escassas. O período de maturação dos frutos depende de alguns fatores, como a altitude,

Frutos maduros.

a temperatura, a espécie e a variedade escolhidas. Quanto maior a altitude e menor a temperatura, mais lento será o amadurecimento dos frutos.

Como a florada acontece em várias etapas, a planta apresentará frutos em diferentes estágios de amadurecimento – verdes, cerejas, passas e secos. O momento inicial da colheita deve ser determinado a cada safra pelo produtor e pode variar conforme o ano e a região. Geralmente, a colheita tem início quando o percentual de frutos maduros no pé for próximo de 90% e antes que eles comecem a cair por causa da seca.

É necessário que a quantidade de frutos verdes e a queda de frutos secos seja igual ou inferior a 5%, já que os frutos verdes não têm uma composição química ideal para a obtenção de bebidas de qualidade (Souza, 2001). Grãos verdes têm teores fenólicos totais muito elevados, que são responsáveis pela alta adstringência do grão, bem como por uma elevada atividade da pectinametilesterase (Pimenta & Vilela, 2002, p. 1.482), uma das enzimas responsáveis pelo processo de maturação do fruto. Já os frutos muito maduros podem acarretar fermentações indesejáveis.

Em regiões como Mogiana e sul de Minas, onde as condições climáticas são favoráveis, é possível deixar que os frutos fiquem mais tempo no pé, secando além do ponto cereja até o estágio conhecido como passa (passado do maduro), quando acontece maior absorção dos açúcares da polpa pelo grão. Esse processo, que será detalhado no capítulo referente ao processamento do café, é chamado café natural e requer muita experiência e controle do produtor, pois é grande a possibilidade de fermentação dos frutos, resultando em perda de qualidade na bebida final.

A colheita

PLANEJAMENTO

Antes do início da colheita, são necessários alguns cuidados. O primeiro deles é a limpeza do solo, chamada arruação, para a retirada de galhos, folhas e demais impurezas. Esse processo facilitará a retirada dos frutos que caem no chão no momento da colheita, chamados *café de varrição*. Alguns produtores só iniciam sua retirada no fim da colheita. Quanto mais cedo forem recolhidos, melhor será seu aproveitamento, pois o contato com o chão facilita a fermentação e reduz a qualidade do café.

A colheita do café exige muita mão de obra, pois deve ser feita em curto período de tempo – de 2 a 3 meses, aproximadamente. No hemisfério norte ocorre, de modo geral, entre setembro e março, e, no hemisfério sul, de abril a agosto. A propriedade também deverá ter estrutura adequada para receber os frutos provenientes da lavoura, que serão encaminhados aos lavadores e/ou despolpadores e, posteriormente, ao terreiro ou aos secadores para secagem antes do armazenamento. Após esse período, começam as primeiras chuvas da primavera e a umidade pode comprometer a qualidade dos frutos colhidos.

Diferentes pontos de maturação.

Pé de café com grãos passas.

MÉTODOS E TIPOS DE COLHEITA

A colheita do café pode ser realizada de forma manual, semimecanizada e mecanizada.

A colheita manual pode ser do tipo seletiva, catando-se a dedo somente os frutos maduros, ou do tipo concentrada, derriçando-se todos os frutos de cada ramo em panos ou em peneiras. A colheita semimecanizada utiliza derriçadeiras portáteis ou tradicionais desprovidas de recolhedores e a mecanizada é feita com máquinas colhedeiras completas automotrizes ou tracionadas por trator (Reis & Cunha, 2010, p. 818). Veja mais detalhes no quadro 8.

Tanto a colheita por derriça como as colheitas semimecanizada e mecanizada caracterizam-se pela mistura de frutos de diferentes características de maturação, cor, densidade e teor de umidade conforme as seguintes denominações:

- VERDE: 60% a 70% de umidade;
- CEREJA: 45% a 55% de umidade;
- PASSA: 30% a 40% de umidade;
- BOIA: 25% a 35% de umidade;
- COCO: menor de 25% de umidade (Reis & Cunha, 2010).

Todo o café colhido deve ser encaminhado rapidamente ao local do processamento para reduzir a deterioração e a perda da qualidade. Antigamente, era muito comum os produtores deixarem os frutos colhidos amontoados de um dia para o outro, resultando na fermentação dos grãos. Como a polpa dos cerejas é úmida e

Quadro 8. Métodos e tipos de colheita

Colheita manual	Colheita semimecanizada e mecanizada
SELETIVA: conhecida como catação ou coleta a dedo. São colhidos somente os frutos maduros, em estágio cereja, um a um. Um mesmo pé de café poderá ser colhido até quatro vezes, já que nele existem frutos em diferentes fases de maturação. Esse método requer muita mão de obra, o que eleva o custo do produto final, e é utilizado quando o produtor quer manter o máximo de qualidade do fruto ou em regiões onde a alta umidade do ar e as chuvas constantes não permitem uma maturação uniforme. É muito utilizado na Colômbia, onde o café é cultivado, em sua maioria, nas encostas das cordilheiras dos Andes, que possui clima bastante peculiar. Por causa da zona de convergência intertropical que cria duas estações secas e duas úmidas, o plantio na região possui dois períodos diferentes de crescimento e floração e, portanto, dois períodos de colheita durante o ano (Sandalj & Eccardi, 2003). Com o método da colheita seletiva fica garantido que o fruto já tenha sofrido todas as reações enzimáticas que trarão o equilíbrio entre os sabores ácido, amargo e doce. São apreciados em bebidas de qualidade.	Caracteriza-se pelo maquinário utilizado na colheita. São equipamentos com hastes que vibram e derrubam os frutos, como na derriça. A colheita semimecanizada utiliza também o trabalho braçal. São empregadas derriçadoras portáteis, manejadas manualmente e acionadas por motores que fazem vibrar as varetas em sua extremidade promovendo a derriça dos frutos. Essa operação normalmente é feita em equipes de dois a cinco apanhadores, sendo um homem na derriçadora e os demais fazendo o repasse e o levantamento do café derriçado (Zambolim, 2010). Na colheita mecanizada, são utilizados maquinários que realizam simultaneamente as operações de derriça, recolhimento e abanação e até, em alguns casos, o ensaque ou armazenamento a granel do café colhido. Alguns equipamentos, do tamanho de tratores, passam entre os pés de café com suas hastes e uma esteira, recolhendo os frutos e transportando-os para um caminhão que segue pelas ruas da plantação. É indicado, no entanto, somente em plantações feitas em terrenos planos ou levemente ondulados, com planejamento de plantio, pois uma plantação de formato adensado impossibilita a passagem das máquinas. Algumas colhedoras realizam, também, a abanação antes do transporte para o caminhão.
DERRIÇA NO CHÃO: esse método é o mais antigo no Brasil, utilizado desde a época da escravidão até hoje. Os frutos são arrancados de cada ramo com a mão, puxando de uma só vez. Nesse processo, todos os frutos são retirados, não importando seu estágio de maturação. Em seguida, eles são rastelados, amontoados e abanados (colocados em peneiras e lançados para o alto) para a retirada de terra, folhas e galhos. Esse processo tem de ser feito no mesmo dia da derriça para que os frutos não fiquem muito tempo no chão, o que pode ocasionar contaminação por fungos ou bactérias.	
DERRIÇA NO PANO: esse método foi criado principalmente para evitar a contaminação dos frutos no solo. Antes de ser iniciada a derriça, são estendidos panos, sacos ou lonas sob os pés de café. Em seguida, o procedimento é o mesmo da derriça no chão: os frutos são arrancados de uma só vez e abanados para a retirada das impurezas. Esse processo, além de evitar a presença de terra e pedras no café, também impede que os frutos colhidos se misturem aos frutos que já estavam no solo, possivelmente contaminados e/ou fermentados.	

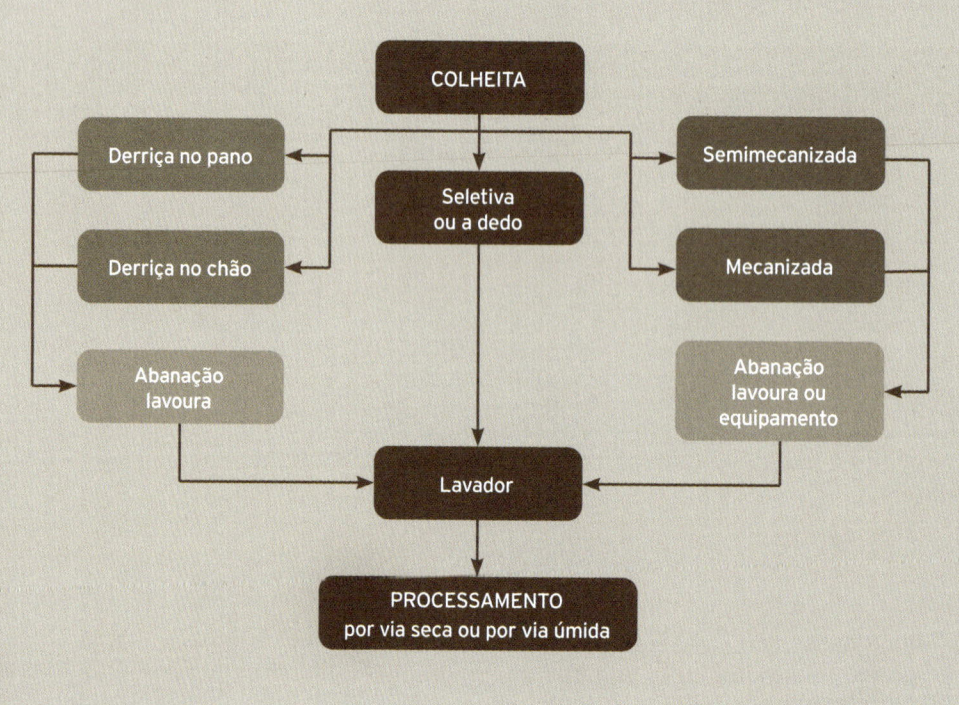

Fluxograma 1. Colheita do café.

a concentração de açúcar é muito alta, torna-se um ambiente extremamente favorável a processos fermentativos, o que compromete a qualidade final da bebida.

A forma de remuneração dos trabalhadores rurais que atuam na colheita é feita por quantidade colhida ou por talhão. Em alguns casos, principalmente no método de colheita seletiva, há também a forma de prêmio no pagamento do colhedor com maior percentagem de grãos maduros, como estímulo (Matiello et al., 2010, p. 1.480). É comum os produtores receberem mão de obra de outros estados para auxiliar no momento da colheita como trabalhadores temporários.

PREPARO DO CAFÉ OU PÓS-COLHEITA

Depois de colhido, o café precisa ser abanado. A abanação consiste na retirada de impurezas leves, como gravetos e folhas provenientes da derriça. Essa operação pode ser manual, com peneiras e ainda na lavoura, ou mecânica, feita por abanadores mecânicos, móveis ou estacionários, utilizando tanto o método de sucção como insuflação de ar gerado por ventiladores (Reis & Cunha, 2010, p. 825).

Após a abanação é realizada a lavagem do café. A lavagem é uma fase muito importante durante o preparo do café, pois proporciona a separação não só das impurezas (pedras e gravetos que não conseguiram ser retirados durante a abanação) como dos frutos em diferentes estágios de maturação.

Os lavadores, em sua maioria, podem ser construídos nas próprias propriedades e são compostos por uma caixa de alvenaria de 1 m³ a 2 m³ e uma bica separadora (metálica, madeira ou fibra de vidro) com fundo falso. Esses são chamados de lavador tipo maravilha (Matiello *et al.*, 2010). Nesse processo, os frutos verdes e os cerejas, por serem mais pesados, afundam na água; já os frutos passas e os secos, que são mais leves, boiam e são retirados primeiro. Quando o produtor não possui lavador, o café colhido segue direto para o terreiro (misturando frutos verdes, maduros, passas e secos). Essa mistura ocorre, principalmente, quando não é utilizado o método de colheita seletiva.

O processamento

Após a lavagem, começa a fase do processamento. O principal objetivo do processamento é reduzir o teor de umidade dos frutos do café para que possam ser armazenados. Existem dois métodos de processamento difundidos em todo o

Lavador de café.

Lavagem do café.

mundo e muito utilizados para cafés da espécie *Coffea arabica* e *Coffea canephora*: por *via seca* e por *via úmida*.

VIA SECA

É o método mais antigo, difundido e econômico, do qual se obtém os cafés naturais, também chamados cafés em coco.

Esse método consiste na secagem do fruto em sua forma íntegra, ou seja, sem a retirada da casca, em terreiros ou secadores. A casca do fruto, que no início da secagem era vermelha ou amarela, dependendo da variedade, torna-se escura e por essa razão é chamada de café em coco.

Os cafés naturais contêm maior quantidade de sólidos solúveis e mais açúcares redutores que os cafés processados pelo método de via úmida. Nos frutos que secam naturalmente no pé de café, os açúcares da polpa (mesocarpo) migram por osmose para o grão (endocarpo). Esse processo cessa assim que os frutos são colhidos. No processo de via úmida, por se descascar o fruto, perde-se um percentual de sólidos solúveis e de minerais na água utilizada para essa forma de processamento (Eccardi & Sandalj, 2003, p. 171).

É importante, quando se busca a melhoria na qualidade do café natural, que o produtor utilize o lavador antes do processamento via seca, para separar os grãos passas e boias, diminuindo o tempo de secagem e minimizando os prejuízos causados pela fermentação dos frutos maduros.

Quando os frutos são colhidos pelo método de derriça (manual ou mecanizada) e o produtor não utiliza o lavador, frutos em diferentes estágios de maturação e, às vezes, com alto teor de açúcar e mucilagem (próprios do fruto maduro) são levados para secar juntos. Dessa forma, o ambiente fica propício para o desenvolvimento de micro-organismos que, por meio da fermentação, podem afetar os grãos de café. É prática amontoar os cafés que secam no terreiro durante a noite e cobri-los para não receber o sereno da noite, e no dia seguinte novamente abrir esses frutos no terreiro. Contudo, a presença de frutos em diferentes estágios de maturação, com alto teor de açúcares da polpa e umidade, cria uma sucessão de fermentações favorecidas pelas condições de anaerobiose (micro-organismos que não necessitam de oxigênio para sobreviver). Essas fermentações podem ser de natureza lática, acética, butírica e propriônica, dependendo da flora desses micro-organismos, das condições climáticas e do tempo decorrido da maturação dos frutos até a secagem.

Grãos cerejas.

Lembrando que, quanto menor for o período entre a maturação e a secagem, menor será o risco de fermentações indesejáveis (Matiello *et al.*, 2010).

Nas regiões com inverno frio e seco, onde a florada, a frutificação e a maturação são mais uniformes e o tempo de secagem dos frutos é menor, o uso do lavador para separação dos cafés passas e boias torna-se fator determinante para a obtenção de um café natural com melhor qualidade.

Essas condições climáticas são propícias para ocorrer as fermentações láticas e acéticas, quando ocorre a degradação dos açúcares da mucilagem. Já em regiões úmidas, podem ocorrer as fermentações butírica e propiônica, que atingem o endosperma, ocorrendo uma degradação dos componentes do grão, o que resulta em uma bebida inferior (Matiello *et al.*, 2015, p. 533).

VIA ÚMIDA

Nesse método, após a passagem pelo lavador, acontece a remoção da casca e/ou da mucilagem, resultando em cafés cerejas descascados, despolpados ou desmucilados.

Independentemente do resultado final, descascado, desmucilado ou despolpado, o descascamento é comum em todos eles. Essa operação é realizada em um equipamento chamado descascador de cerejas. No Brasil, o processamento por via úmida ainda é pequeno, mas vem crescendo a cada ano, tanto nas regiões impróprias para o processamento por via seca, quanto para melhoria da qualidade, pois a retirada da casca diminui o tempo de secagem dos grãos e minimiza fermentações indesejáveis, conforme explica o pesquisador Flávio Meira Borém (2008, p. 140):

Grãos cerejas descascados.

> com a colheita exclusiva de frutos maduros, a remoção da casca e da mucilagem, o controle da fermentação e a secagem cuidadosa, em geral, obtêm-se cafés de melhor qualidade de bebida.

Esse método de processamento exige bastante recursos hídricos, pois os equipamentos utilizados descartam grandes volumes de água rica em matéria orgânica em suspensão e outros constituintes orgânicos e inorgânicos em solução (provenientes da mucilagem com concentração de açúcares) com grande poder poluente. O uso da água pode ser estimado em 3 a 5 litros por litro de café no despolpamento, mas com a reciclagem da água pode-se reduzir o consumo para 1 litro de água por litro de café (Matiello *et al.*, 2015, p. 533). Também são gerados grande quantidade de resíduos sólidos que não podem ser descartados sem tratamento, pois podem contaminar os cursos de água, além de prejudicar a fauna e a flora (Reis & Cunha, 2010).

Dessa forma, o processamento por via úmida requer um sistema de tratamento das águas residuárias desse processo. Quando a colheita é feita por derriça, é indispensável o uso do lavador de cafés para separar os frutos secos (chamados de boias) dos frutos mais pesados (os cerejas maduros e verdes), sendo apenas estes que deverão entrar no descascador.

Veja agora as características do café cereja descascado, desmucilado e despolpado:

- CEREJA DESCASCADO – *PULPED NATURAL*: o preparo do café cereja descascado é considerado uma variação do processo por via úmida; os frutos maduros são descascados mecanicamente e parte da mucilagem permanece aderida ao pergaminho dos frutos. O processo baseia-se na diferença de resistência à pressão entre o fruto verde e o fruto maduro. Ambos os tipos são conduzidos com água para o descascador e a pressão resultante da rotação do cilindro da máquina provoca o descascamento. Como a mucilagem dos frutos verdes ainda é rígida, eles resistem melhor à pressão e são conduzidos para a lateral do equipamento. Os frutos cerejas, com a mucilagem menos resistente, separam-se em duas sementes e os grãos seguem direto para a secagem.

Além da separação dos frutos verdes, que depreciarão o produto final, a remoção da casca e de parte da mucilagem também produzirá um café com acidez equilibrada e menor corpo (em relação ao café natural), muito utilizado para compor *blends*. Os grãos descascados irão secar em terreiros sob a ação solar ou em secadores, quando se observará que a cor do pergaminho seco com a mucilagem apresenta um amarelado escuro. Na Costa Rica e na América Central, são comuns os termos *Yellow Honey*, *Red Honey* e *Black Honey*, referindo-se à cor do pergaminho depois de seco, em virtude das quantidades diferentes de mucilagem presentes no grão e do tempo de secagem. O termo *honey*, que significa mel, é originário da sensação pegajosa da mucilagem após a retirada da casca dos frutos. Nesses processos, a pressão exercida pelo cilindro do descascador definirá a quantidade de mucilagem que permanece aderida aos grãos. Esses processos darão origem a bebidas com diferenciação de corpo, grau de acidez e aromas frutados e doces, respectivamente (SIMSCH, 2014).

- DESPOLPAMENTO: o café despolpado é obtido após o descascamento do café cereja. O despolpamento ocorre geralmente pela fermentação espontânea em tanques de concreto com água onde o café permanecerá por períodos de 12 a 36 horas (mas dependendo da altitude e temperatura poderá permanecer por até 48 horas) para que a mucilagem se desprenda dos grãos. Após esse período, os grãos são lavados para retirar os restos da mucilagem e levados para a secagem. Observa-se que a cor do pergaminho seco apresenta tons de amarelo-azulado dependendo do tempo de fermentação. Conforme explica Borém (2008), o objetivo da fermentação é a hidrólise da mucilagem aderida ao pergaminho, que facilita sua remoção na ação final de lavagem do café, pois, dependendo das condições de secagem, essa mucilagem pode aumentar os riscos de fermentações indesejáveis que reduzem a qualidade do café. Esse processo é bastante comum na Colômbia, na América Central e no México, dando origem aos cafés lavados ou despolpados, com bebida suave e baixa adstringência. É nesse processo de lavagem que ocorre a fermentação lática, aumentando assim a acidez da bebida. Para verificação do ponto de degomagem, esfregam-se os grãos entre as mãos e sente-se em que ponto está o processo. Esse processo poderá ser acelerado naturalmente cobrindo-se o tanque com uma lona para aumentar a temperatura, aquecer a água, acrescentar o líquido de fermentação anterior ou introduzir fermentos. Há também a possibilidade de se fazer a degomagem química, usando produtos como cal, soda e carbonatos alcalinos combinados com agitação mecânica (Matiello *et al*., 2015, p. 537).

- **DESMUCILAMENTO:** o café desmucilado é obtido logo após o descascamento dos frutos cerejas, utilizando-se equipamentos chamados de "desmuciladores mecânicos". Sua principal vantagem é a remoção de parte ou de toda a mucilagem evitando o uso de tanques de fermentação como no processo de despolpamento. A remoção da mucilagem ocorre de forma mecânica por meio do atrito dos grãos com um cilindro metálico, utilizando pequenas quantidades de água para lubrificação e limpeza da mucilagem. A cor do pergaminho depois de seco é amarelo-claro. O desmucilamento dá origem a cafés de bebidas suaves e geralmente com pouco corpo.

O processo da via úmida para os frutos verdes começa na separação e no amontoamento dos frutos verdes, após a passagem no descascador por aproximadamente 20 horas. Após esse período, os frutos serão passados novamente no descascador, com pressão adequada para que ocorra o desprendimento da casca verde. Por meio desse método é possível descascar 41% do café verde, partindo de lotes com, no máximo 10% de café cereja. Após o processo de descascamento

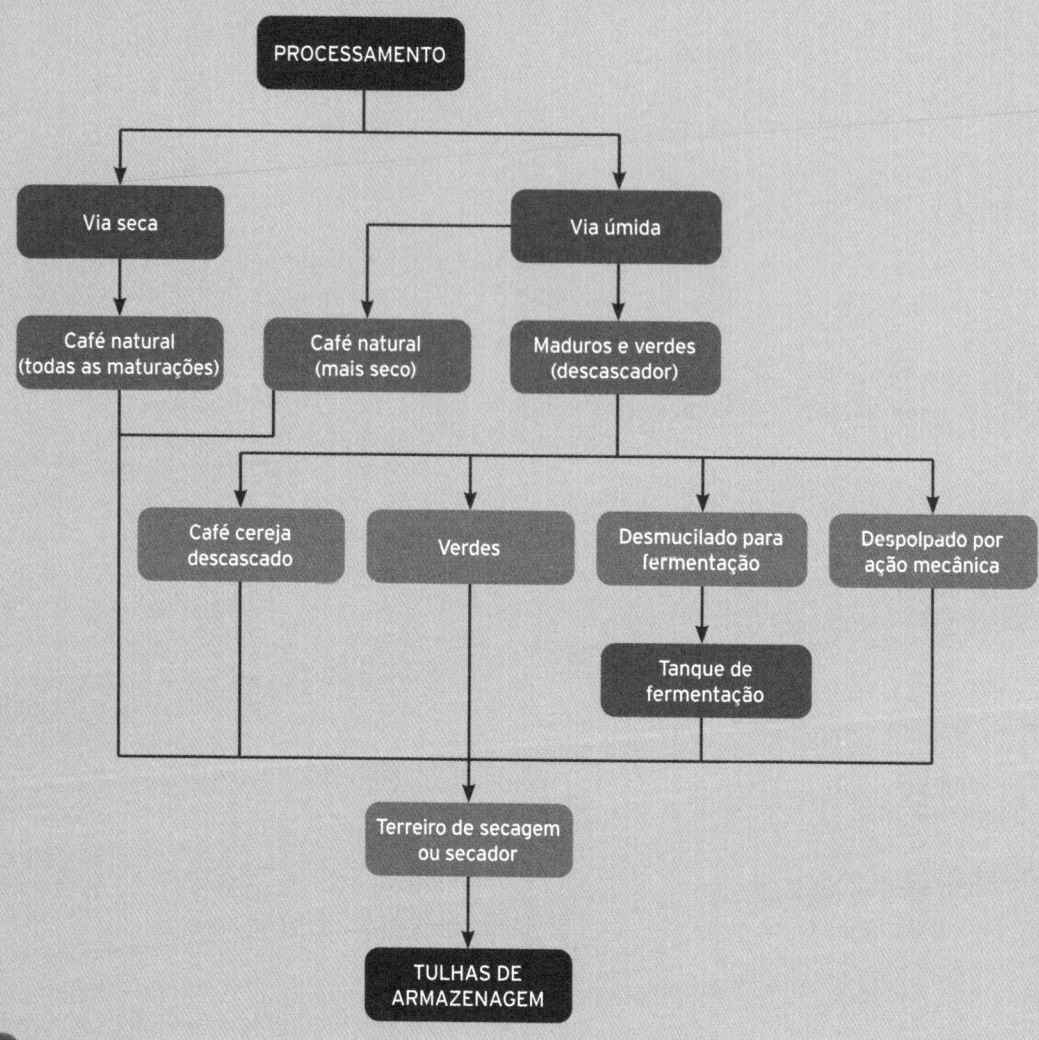

```
                        ┌──────────────────┐
                        │  PROCESSAMENTO   │
                        └──────────────────┘
                          │              │
              ┌───────────┘              └───────────┐
              ▼                                      ▼
        ┌───────────┐                          ┌───────────┐
        │ Via seca  │                          │ Via úmida │
        └───────────┘                          └───────────┘
              │            │                        │
              ▼            ▼                        ▼
     ┌──────────────┐ ┌──────────────┐  ┌──────────────────┐
     │ Café natural │ │ Café natural │  │ Maduros e verdes │
     │(todas as     │ │ (mais seco)  │  │  (descascador)   │
     │ maturações)  │ │              │  │                  │
     └──────────────┘ └──────────────┘  └──────────────────┘
```

Fluxograma 2. Processamento do café.

Ramos da via úmida:
- Café cereja descascado
- Verdes
- Desmucilado para fermentação → Tanque de fermentação
- Despolpado por ação mecânica

↓

Terreiro de secagem ou secador

↓

TULHAS DE ARMAZENAGEM

e secagem, o café verde descascado apresentou somente 2,8% de grãos pretos, verdes e ardidos (PVA) e bebida dura/verde. A diminuição dos defeitos PVA no café agrega valor ao produto e reduz assim o deságio do café verde.

OBSERVAÇÃO

Processamento dos frutos verdes: os frutos verdes provenientes do descascador de café normalmente são secos com a casca que foi separada, pois apresentam defeitos que depreciam o seu preço final. Segundo Borém (2008), os frutos verdes podem seguir diretamente para a secagem e serem processados pela via seca, bem como serem submetidos ao descascamento. Essa operação ainda é pouco utilizada, mas é uma alternativa para melhorar a qualidade do produto final.

Secagem

No Brasil, são utilizados basicamente dois métodos para a secagem do café: o terreiro ao sol ou os secadores mecânicos, ou a combinação dos dois processos.

SECAGEM AO SOL

Para a secagem ao sol, os terreiros são construídos abaixo das lavouras e acima das instalações de armazenamento e beneficiamento para facilitar o escoamento da produção. O piso deve ter um leve declive para que a água das chuvas escorra e não fique acumulada. O terreiro pode ter um revestimento de terra batida, concreto, lama asfáltica, ou pode ser do tipo estufa secadora, suspenso ou secador.

Independentemente do tipo de terreiro, a principal vantagem do café seco pela ação dos raios solares é a economia. Além disso, é um método não poluente e possui ação germicida sobre os grãos. A localização deve ser sempre em áreas bem expostas ao sol e bem ventiladas, evitando locais muito úmidos como baixadas, próximos a represas ou locais muito sombreados que dificultam o processo. O café deve ser estendido no terreiro de forma que tome a maior quantidade de sol possível.

Nos primeiros dias, independentemente do método de processamento utilizado antes da secagem, o café deve ficar espalhado no terreiro em camadas finas de cerca de três centímetros e ser revolvido constantemente para que seque gradualmente e por igual. Durante a noite, esse café é coberto por

TERREIRO DE TERRA: muito usado na cafeicultura por pequenos produtores, não é o mais recomendado para a secagem do café quando o produtor busca qualidade no produto final, pois não atende às exigências higiênico-sanitárias que integram as boas práticas de processamento, além de transferir gosto de terra à bebida final.

TERREIRO DE CONCRETO: em comparação aos terreiros de terra, favorecem a secagem mais rápida dos frutos, mas devem ser construídos sob as recomendações técnicas adequadas para que o local não apresente rachaduras, infiltrações ou perda de parte do revestimento. Esses problemas favorecem o acúmulo de grãos de café, que podem fermentar e comprometer os lotes durante a secagem.

ESTUFA SECADORA: é uma alternativa para regiões onde não há terrenos planos para construção de terreiros tradicionais. O produtor deverá adotar cuidados especiais para evitar que a temperatura interna durante o dia seja elevada, o que pode comprometer a qualidade final do produto.

TERREIRO SUSPENSO: ou suspenso em formato de telas – uma estrutura elevada, simples e barata –, evitando que os grãos entrem em contato com o solo. Esse tipo de estrutura permite espalhar o café em sua superfície e escoar a umidade com facilidade, pois as telas garantem a ventilação dos grãos. Apesar de proporcionar um produto limpo e com características preservadas, o manejo operacional é mais trabalhoso e pouco ergonômico.

TERREIRO SECADOR OU HÍBRIDO: consiste em um terreiro convencional, preferencialmente concretado, onde é adaptado um sistema de ventilação com ar aquecido por uma fornalha para a secagem do café em leiras.

TERREIRO DE LAMA ASFÁLTICA: é uma alternativa aos terreiros de terra com baixo custo para o produtor. Quando serve como cobertura para o terreiro de terra, o revestimento asfáltico possui baixa retenção de calor. Pesquisas recentes realizadas pela Universidade Federal de Lavras (Ufla), em Minas Gerais, apontam que esse tipo de revestimento não altera a qualidade do café, até mesmo de cafés descascados, e não transfere aos grãos nenhum sabor ou aroma estranho.

Fonte: *Informe agropecuário*, 2011, pp. 76-78.

lonas para que não absorva o orvalho. É comum vermos alguns produtores colocando sacos de algodão entre a lona e o café amontoado para que eles absorvam a umidade. Isso também deve ser feito durante o dia se houver ameaça de chuva. Conforme o café seca, a altura das camadas aumenta.

É preciso lembrar que os lotes colhidos serão separados na hora da secagem: de café natural ou de café com pergaminho dos grãos verdes, pois cada lote terá um teor de umidade diferente.

O café deve permanecer no terreiro até atingir entre 12% e 11% de umidade, para que possa ser armazenado e, posteriormente, beneficiado. Um percentual maior de umidade poderá favorecer o surgimento de mofos e bactérias e um percentual menor poderá descorar o grão, eliminar seus aromas ou, ainda, torná-lo mais fácil de quebrar ao passarem no maquinário para beneficiamento.

A verificação desse percentual é feita por medidores de umidade, utilizando-se amostras de grãos ou, para quem não possui o equipamento, por amostragem de peso: 1 litro de café em coco com 12% de umidade deverá pesar, mais ou menos, 420 gramas de produto final (Reis & Cunha, 2010).

O prazo para que esse teor de umidade seja alcançado depende, entre outros fatores, das condições climáticas, da temperatura diurna, da intensidade dos raios solares, da umidade relativa do ar, da ventilação e do tipo de superfície em que é colocado o café durante o período de secagem (Sandalj & Eccardi, 2003).

MÉTODO MISTO

Em situações em que as condições climáticas são desfavoráveis para a secagem a pleno sol ou em períodos de fluxo muito grande de colheita, é necessário usar um sistema misto, ou seja, a combinação dos dois processos. Dessa forma, utilizam-se secadores mecânicos depois que a umidade do grão tiver sido reduzida a 50% (Sandalj & Eccardi, 2003). Os secadores mecânicos modernos são compostos por cilindros metálicos com paredes perfuradas, que permitem que o café em seu interior receba ar quente e possa secar. A temperatura em seu interior deverá ser controlada na medida em que o café for secando. Altas taxas de secagem provocadas por elevadas temperaturas causam prejuízos à qualidade do café pelos danos causados ao endosperma dos grãos (Borém, 2008).

Armazenamento

O café pode ser armazenado de duas formas principais: a granel (no caso do café em coco ou pergaminho) ou após serem beneficiados, quando são colocados em sacos de juta de 60,5 quilos, ou em big-bag, com capacidades de 1.200 quilos, que ficam empilhados nos armazéns.

O armazenamento do café a granel ocorre logo após a secagem e antes do beneficiamento em tulhas e é necessário para que os grãos descansem. O tempo pode variar dependendo do produtor, mas é recomendável o período mínimo de trinta dias. Esse descanso, além de conservar adequadamente os grãos, serve para uniformizar a secagem e a cor dos grãos oriundos de frutos diferentes (Reis & Cunha, 2010, p. 853).

As tulhas são compartimentos construídos geralmente de madeira, material que isola melhor o café do ambiente externo, reduzindo as variações de temperatura. As tulhas localizam-se próximas aos terreiros ou aos secadores e estão ligadas às instalações de beneficiamento. O carregamento dos grãos acontece na parte superior das tulhas e o café sai para ser beneficiado pela parte inferior da tulha, com o auxílio da gravidade.

Assim como acontece no processamento e na secagem, o café é armazenado separadamente, em compartimentos divididos por origem ou por qualidade. Dependendo do tamanho das instalações da fazenda, pode haver separações entre variedades e talhões colhidos, para que seja possível o rastreamento completo do produto.

As tulhas devem estar limpas antes de receberem o café do ano da colheita, pois poderá haver contaminações com impurezas ou fungos de lotes anteriores que podem comprometer a qualidade da bebida.

ATENÇÃO

Até aqui todo o processo está sob a supervisão do produtor. Outro elo importante da agroindústria do café brasileiro é o segmento responsável pelo beneficiamento e pela comercialização do grão, que pode ser realizado diretamente pelo produtor ou por cooperativas de café. As cooperativas desempenham um papel fundamental em toda a cadeia de beneficiamento e comercialização do café em todas as regiões produtoras.

Tulhas de armazenagem.

Beneficiamento

O objetivo do beneficiamento do café é transformar o café em coco ou pergaminho, que se encontra nas tulhas em *café beneficiado bica corrida*. É o processo de retirar as cascas do grão de café, no caso do café natural, e de retirar o pergaminho, no caso dos cafés cerejas descascados e despolpados. É feito por máquinas beneficiadoras que podem operar nas fazendas de café, geralmente nas tulhas ou podem ser alugadas como máquinas volantes e são instaladas em caminhões que percorrem as propriedades – geralmente cobra-se por esse serviço de 1% a 3% do preço do café – ou em cooperativas de café. É, também, o primeiro processo no preparo do grão de café para comercialização ou consumo. Ele é feito pouco antes da comercialização do produto, uma medida que protege o grão de variações climáticas e, ainda, do contato com o ar e a luz, que podem prejudicar suas características de cor e aroma. Além da casca e do pergaminho, também são retiradas impurezas provenientes da lavoura e do terreiro de secagem.

Se o café está separado nas tulhas, seu beneficiamento também deverá ocorrer separadamente para cada variedade, tipo de processamento ou talhão da lavoura. O maquinário completo para beneficiamento do café é composto por bica de jogo, catador de pedras, descascador/separador.

Veja a seguir o maquinário utilizado para beneficiar café:

BICA DE JOGO: são peneiras contínuas com furos variados que realizam um movimento oscilante. Elas recebem o café das tulhas, separando as impurezas (folhas, paus, torrões, terra) maiores e menores que o café, levando o produto até o catador de pedras ou o descascador.

CATADOR DE PEDRAS: separa as impurezas pesadas, completando o serviço da bica de jogo. Possui uma peneira com mamilos e, nos mais modernos, um colchão de ar. Pode ser usado antes do descascador ou antes do conjunto do rebeneficiamento.

DESCASCADOR: é uma espécie de gaiola com duas peneiras perfuradas (trocáveis) na parte externa e facas ajustáveis que giram no interior. Estas pressionam e forçam os frutos contra as peneiras ou "vazadeiras", por cujas aberturas saem os grãos e a casca já desprendida.

Fonte: Matiello *et al.*, 2010, p. 517.

Muitas vezes, a casca ou o pergaminho proveniente desse processo é utilizado na produção de adubo para as próximas lavouras.

Após o beneficiamento, o rendimento do café natural é de 50%. Portanto, para ter uma saca de 60,5 quilos são necessários aproximadamente 120 quilos de café natural ou em coco beneficiados. Já para os cafés CD e despolpados, o rendimento é de 80%, e para uma saca de 60,5 quilos é preciso beneficiar aproximadamente 75 quilos de café em pergaminho. Após o beneficiamento, o café é chamado de *café verde* ou *green coffee*, por causa de sua cor esverdeada (e não pelo fato de o fruto não estar maduro), *café cru* ou ainda de *café em grão*.

Jogo de peneiras para amostra de classificação.

Classificação

Nessa etapa, o café passa pela chamada classificadora, que pode ou não estar acoplada à máquina de beneficiamento, responsável pela seleção dos grãos por tamanho. O grão passa por um conjunto de várias peneiras que possuem furos com dimensões de 8 a 19/64 avos de polegada, separando de 13 a 19 grãos conhecidos como *chatos* e de 8 a 12 grãos *moca*.

Os grãos chatos são aqueles cujo comprimento é maior do que a largura, a parte dorsal é convexa e a parte ventral, plana ou levemente côncava, e cuja ranhura central está disposta em sentido longitudinal (Barbosa, 1998).

O grão denominado *moca* é arredondado, e provém da não fecundação de um óvulo do fruto, ocasionando o desenvolvimento de um único grão que preenche o vazio. No fundo da classificadora, depositam-se os grãos quebrados e muito miúdos.

CLASSIFICAÇÃO DO CAFÉ POR TIPO OU DEFEITO

Para padronizar a qualidade e, consequentemente, o valor de venda do café brasileiro, o café verde é classificado de acordo com uma tabela adotada pela Bolsa Oficial de Café e Mercadorias, a Tabela Oficial Brasileira de Classificação. Essa norma de classificação foi adotada em 1917 enfatizando certos atributos associados à aceitação ou à rejeição do café para consumo. No mesmo ano foi criada a "prova de xícara" para classificação do café torrado e moído. Atualmente, a tipificação e a característica sensorial dos cafés comercializados na Bolsa Oficial de Café e Mercadorias são regidas pela Instrução Normativa nº 08, de 11 de junho de 2003 do Ministério da Agricultura, Pecuária e Abastecimento (Mapa), intitulada Regulamento Técnico de Identidade e de Qualidade para a Classificação do Café Beneficiado-Grão Cru.

Em uma amostragem de 300 gramas de café, são verificados os tipos e a quantidade de defeitos conforme a correspondência da tabela. Por isso, essa classificação é conhecida como por tipo ou defeito. Cada amostra de café é analisada manualmente pelo classificador, e a escala de avaliação possui entre 2 e 8 tipos, dependendo do número de defeitos que apresenta. Ao final, somam-se os pontos obtidos pelos defeitos e esse valor total corresponde ao tipo de café. Ver tabelas 1 e 2.

O processo é feito da seguinte maneira:
1. Em mesa própria para classificação de café, com boa iluminação, coloca-se a amostra de 300 gramas em uma folha de cartolina preta.
2. Efetua-se a separação/catação dos defeitos encontrados, selecionando-os por categoria.
3. Em seguida inicia-se a contagem dos defeitos de acordo com a tabela de equivalência de defeitos, e a partir do número de defeitos totalizados será determinado o tipo de equivalência.

Tabela 1. Equivalência de defeitos para classificação por tipo

Quant.	Natureza das imperfeições	Número de defeitos
1	Grão preto	1
1	Pedra, pau ou torrão grande	5
1	Pedra, pau ou torrão regular	2
1	Pedra, pau ou torrão pequeno	1
1	Coco	1
1	Casca grande	1
2	Ardidos	1
2	Marinheiros	1
2 a 3	Cascas pequenas	1
2 a 5	Brocados	1
3	Conchas	1
5	Verdes	1
5	Quebrados	1
5	Chochos e mal granados	1

Fonte: Matiello *et al.*, 2010, p. 522.

Os defeitos encontrados podem ser de natureza intrínseca e extrínseca:

Os defeitos de natureza intrínseca referem-se aos grãos que sofreram alteração por causa da aplicação incorreta de processos durante a lavoura, na colheita ou na pós-colheita e são conhecidos como *grãos verdes, pretos, ardidos, preto verdes, chochos, mal granados, conchas, quebrados e brocados*.

Tabela 2. Referência rápida de classificação do café, em amostras de 300 gramas

Tipos	Defeitos
2	4
3	12
4 (base)	26
5	46
6	86
7	160
8	360

Fonte: Pascoal, 2006, p. 68.

Já os defeitos de natureza extrínseca estão relacionados às impurezas presentes na amostra, elementos estranhos ao café como *paus, pedras, café em coco (sem beneficiar), marinheiro (com o pergaminho)* e *cascas de diferentes tamanhos.* Os defeitos comprometem a qualidade da bebida, principalmente seu sabor e aroma, mas podem ser evitados ou até eliminados dependendo de ações do produtor. No quadro 9, Matiello *et al.* (2010) descrevem as causas, o modo de evitar e eliminar os defeitos e a sua influência na qualidade do café:

Quadro 9. Defeitos do café

Tipo		Causas	Como evitar e eliminar	Influência na qualidade
Grãos pretos		Colheita atrasada dos frutos e permanência prolongada em contato com o chão.	Utilizar captação manual ou eletrônica.	Alteração no aspecto, na cor, na torra e, consequentemente, na bebida final.
Pedras, paus, torrões e cascas		Colheita por derriça no chão ou abanação malfeita.	Colheita por derriça no pano, uso de lavadores, regulagem do catador de pedras e do ventilador no beneficiamento, catação manual.	Prejudica o aspecto e a torra.

(cont.)

Tipo		Causas	Como evitar e eliminar	Influência na qualidade
Coco		Má regulagem do descascador durante o beneficiamento.	Regular corretamente o maquinário de beneficiamento.	Prejudica o aspecto e a torra.
Ardidos		Colheita de frutos verdes, colheita atrasada e permanência prolongada em contato com o chão.	Utilizar catação manual ou eletrônica.	Altera o aspecto, a cor, a torração e a bebida final.
Marinheiro		Má regulagem do descascador durante o beneficiamento.	Regular corretamente o maquinário de beneficiamento.	Prejudica o aspecto e a torra.
Brocados		Ataque da broca no café.	Fazer repasse nas lavouras e combate à praga, além de utilizar catação manual ou eletrônica.	Prejudica o aspecto, mas se houver fungos no grão, prejudicará a bebida final.
Concha		Fatores genéticos e causas fisiológicas.	Fazer seleção genética e seleção durante o beneficiamento, além de catação manual ou mecânica.	Prejudica o aspecto e a torra.
Verde		Colheita de frutos verdes.	Colher frutos somente quando maduros, separar os verdes e proceder à catação manual ou eletrônica.	Com relação ao aspecto, cor, torra e na bebida final.

(cont.)

Tipo		Causas	Como evitar e eliminar	Influência na qualidade
Quebrados		Seca inadequada e má regulagem do descascador.	Secagem adequada, regulagem do descascador, catação manual ou eletrônica.	Prejudica o aspecto e a torra.
Mal granado/ Chocho		Fatores genéticos e fisiológicos, problemas climáticos como longos períodos de seca.	Usar adequadamente os nutrientes, irrigação e separação durante o beneficiamento, catação manual ou eletrônica.	Prejudica o aspecto e a torra.

O tipo 4 é chamado de tipo base por corresponder à grande porcentagem dos cafés que apareciam em lotes expostos à comercialização, principalmente no porto de Santos.

CLASSIFICAÇÃO DO CAFÉ PELA QUALIDADE

Na classificação do café pela qualidade, são levados em consideração diversos fatores, como variedade, aspecto, cor, processamento, formato dos grãos – chamado fava –, tipo de peneira e torra escolhidos. Entretanto, o fator mais importante na determinação da qualidade do café é a bebida que ele produz. Essa avaliação é feita por provadores treinados.

Após a classificação por tipo e defeitos, faz-se a classificação por tipo de bebida. Para isso, é necessário que a amostra seja torrada. A prova da xícara, como é chamado esse tipo de classificação, surgiu no Brasil no início do século XX e foi adotada pela Bolsa Oficial de Café e Mercadorias de Santos a partir de 1917.

A amostra (ou as amostras) com 7 a 10 gramas é torrada e moída exclusivamente para esse fim e depositada em recipientes, geralmente de vidro transparente ou porcelana branca, de 150 ml. O provador, primeiramente, sente o aroma desse café recém-moído para uma primeira impressão sobre sua fragrância. As características da fragrância são um indicativo da natureza do gosto e revelam o frescor da amostra de café, já que os compostos aromáticos mais voláteis são liberados assim que os grãos são quebrados (moídos). De modo geral, a fragrância pode ser doce, lembrando algum tipo de flor, e ter alguma pungência semelhante a especiarias doces.

Depois é feita uma infusão do pó moído com 100 mℓ de água quente, em ponto de primeira fervura, para permitir que as partículas moídas sejam maceradas por, aproximadamente, 3 minutos. Após misturar com uma concha apropriada e retirar a espuma da superfície, o provador cheira novamente esta mistura para verificar o odor exalado.

Quando o café torrado e moído entra em contato com a água, algumas substâncias mudam de estado – do líquido para o gasoso. Esses gases são constituídos, na maior parte, de ésteres, aldeídos e cetonas. Em geral, formam uma mistura com notas frutais, herbáceas e de castanhas ou nozes. Se o café tem defeitos, podem haver odores estranhos que são logo detectados (Mori, 2001).

O processo de degustação começa quando o pó estiver depositado no fundo do recipiente e a mistura estiver morna. Com o auxílio da concha, o provador sorve uma quantidade do líquido, com a finalidade de julgar o gosto de cada amostra de bebida. Ele mantém o líquido na boca por tempo suficiente para sentir o sabor (aproximadamente 3 a 5 segundos). Em seguida, expele esse líquido em outro recipiente, a *cuspideira*. Não há necessidade de engolir a bebida, pois, aspirando o líquido dessa maneira, ela alcançará toda a superfície da língua e suas terminações nervosas, que responderão às sensações de doce, salgado, ácido e amargo.

Alguns sabores pronunciados na bebida originam-se dos defeitos gerados após o beneficiamento, como sabores de ácido acético, o do vinagre, característico dos grãos ardidos, ou compostos fenólicos, com cheiro e gosto medicinal e amargo, característicos da bebida "rio" e "riada".

As provas de café são feitas simultaneamente com diversas amostras. Por esse motivo, o provador deve ter um paladar apurado e, principalmente, deve poder distinguir com precisão as variações da bebida. Os provadores, por fim, irão classificar os cafés a partir dos parâmetros expostos no quadro 10:

Quadro 10. Características de bebida

Coffea arabica	*Coffea canephora*
• BEBIDA ESTRITAMENTE MOLE: diz-se da bebida que apresenta aroma muito agradável, suave e bastante doce, podendo ser ingerida naturalmente sem adição de açúcar. É considerada a melhor bebida do café arábica. • BEBIDA MOLE: apresenta as mesmas características da bebida estritamente mole — sabor suave e doce —, mas menos intensas. • BEBIDA APENAS MOLE: apresenta sabor levemente doce e suave, mas sem adstringência ou aspereza de paladar. • BEBIDA DURA: apresenta um travo na língua, transmitindo uma sensação de adstringência, como se estivéssemos comendo uma fruta verde, porém, sem gostos estranhos à bebida. • BEBIDA RIADA: apresenta um leve aroma e sabor químico, que lembra o iodo ou ácido fênico. • BEBIDA RIO: tem aroma e sabor químico e medicinal mais acentuado que a bebida riada, com gosto de iodo ou ácido fênico. • BEBIDA RIO ZONA: o aroma e o sabor químico e medicinal dessa bebida são muito fortes e percebidos com muita facilidade. Possui gosto forte de iodo, sendo quase intolerável ao paladar e ao olfato.	• EXCELENTE: quando a bebida apresenta sabor neutro, não sofrendo influência dos defeitos ou outros sabores estranhos. Dessa forma, a bebida é considerada de qualidade superior, possuindo acidez mediana. • BOA: quando a bebida apresenta sabor neutro e ligeira acidez. • REGULAR: quando a bebida apresenta características de gosto típico da espécie (como milho torrado), porém sem acidez. • ANORMAL: quando a bebida apresenta gosto acentuado dos defeitos e o sabor da bebida torna-se muito forte e amargo. É considerado de baixa qualidade.

QUALIDADE NO MERCADO INTERNO

Apresentamos o processo e a classificação das bebidas válidos para os cafés ofertados nas bolsas de mercadorias como *commodities*. Entretanto, para o mercado interno, foi criada pelo Ministério de Agricultura, Pecuária e Abastecimento (Mapa) a Instrução Normativa nº 16, de 24 de maio de 2010, estabelecendo o Regulamento Técnico para o café torrado em grão e para o café torrado e moído, que foi revogada pela Instrução Normativa nº 7, de 22 de fevereiro de 2013. No cenário do mercado interno, alguns estados estabeleceram suas regras para o café torrado quanto à qualidade permitida para o produto interno. Por exemplo, no estado de São Paulo existem as Resoluções SAA/SP 19, de 5 de abril de 2010, SAA/SP 30, de 22 de junho de 2007, e a SAA/SP 31, de 22 de junho de 2007; já em Minas Gerais há o Decreto nº 44.661/2007 Seapa/MG.

No caso de São Paulo, a resolução da Secretaria da Agricultura tomou como base os critérios de qualidade apresentados pela Abic em seu PQC, criado em 2004, que instituiu normas e critérios para os cafés de consumo interno, determinando três categorias de qualidade – tradicional, superior e gourmet – e sete categorias para identificação do produto: bebida, torra, moagem, sabor, corpo, aroma e tipo de café. Para o PQC, a escala sensorial obedece a uma graduação de 0 a 10 pontos, e quanto maior a nota, melhor o café. O número mínimo de qualidade recomendável é 4,5 pontos, conforme figura a seguir.

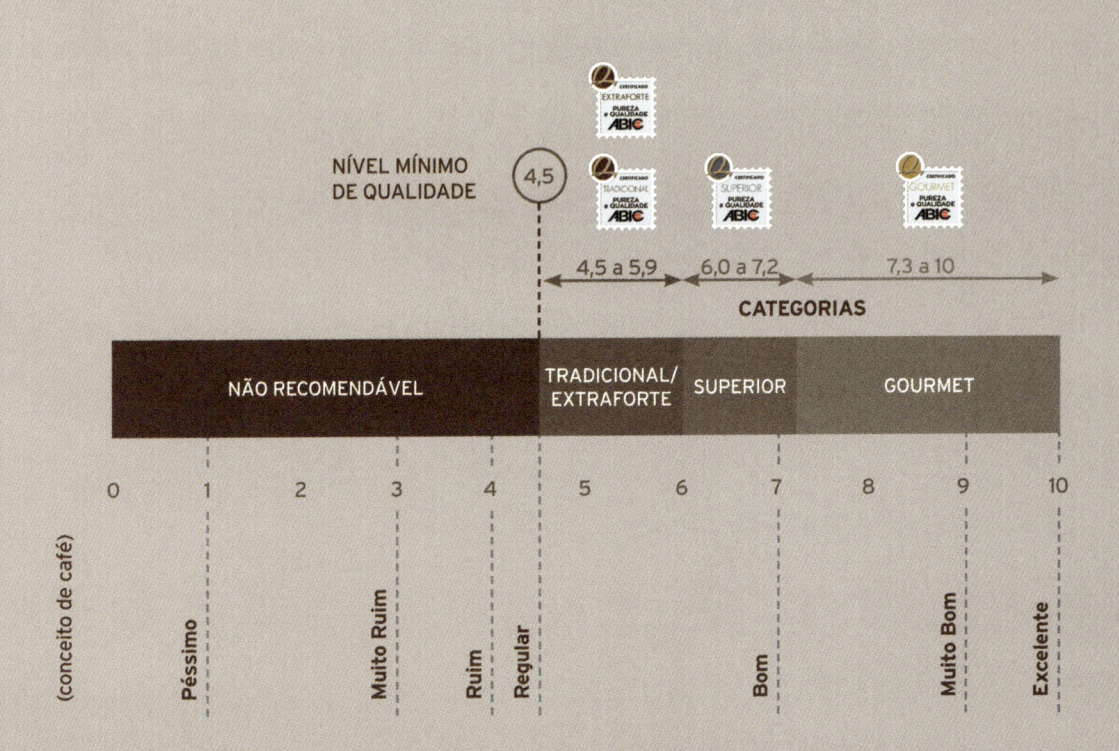

NÍVEL MÍNIMO DE QUALIDADE: 4,5

CATEGORIAS
- 4,5 a 5,9 — TRADICIONAL/EXTRAFORTE
- 6,0 a 7,2 — SUPERIOR
- 7,3 a 10 — GOURMET

NÃO RECOMENDÁVEL: 0 a 4,5

Escala (conceito de café):
- 0
- 1 — Péssimo
- 2
- 3 — Muito Ruim
- 4 — Ruim
- 4,5 — Regular
- 5
- 6
- 7 — Bom
- 8
- 9 — Muito Bom
- 10 — Excelente

Fonte: Associação Brasileira da Indústria de Café, s/d.

Pelas Resoluções SSA/SP 19, 30 e 31 do Estado de São Paulo, a classificação dos cafés deve obedecer aos seguintes critérios:

- TRADICIONAL: deve ser constituído de café até tipo 8 da Classificação Oficial Brasileira (COB), com bebida variando de mole a rio, excluindo-se o gosto rio zona, com um máximo de 20% de defeitos pretos, verdes e ardidos (PVA), e ausência de grãos preto-verdes e fermentados, admitindo-se a utilização de grãos de safras passadas, robusta/conillon e cafés verde-claros, desde que o seu gosto não seja pronunciado nem preponderante.
- SUPERIOR: deve ser constituído de café tipo 2 a 6 da COB, de bebida mole a dura, com um máximo de 10% de defeitos PVA, desde que sem gosto acentuado e ausência de grãos preto-verdes e/ou fermentados. Admite-se a utilização de grãos de safras antigas, robusta/conillon e de cafés verde-claros, desde que seu gosto não seja predominante, estando equilibrados na xícara.
- GOURMET: deve ser constituído unicamente com cafés arábica de bebida apenas mole, mole ou estritamente mole de tipos 2 a 4 da COB, com 0% (ausência) de defeitos PVA, preto-verdes e fermentados.

CAFÉS ESPECIAIS

Uma parcela crescente da produção e do preparo de cafés tem se voltado para o mercado de cafés especiais, que têm padrões específicos de qualidade e características sensoriais. Esses cafés podem estar divididos em quatro principais tipos (Matiello *et al.*, 2015, p. 563):

- GOURMET: são aqueles em que o resultado da bebida contém sabores diferenciados, como os extrafinos, compostos com grãos de peneira 16, de alta qualidade, quase isentos de defeitos.
- ORGÂNICO: produzidos sem o uso de produtos químicos, com proteção e respeito ao meio ambiente, assistência aos trabalhadores e certificações, além do resultado da bebida ter sabores diferenciados.
- DE ORIGEM CERTIFICADA: relativos a regiões de origem de plantio, porque alguns atributos de qualidade do produto estão relacionados à área cultivada e ao resultado da bebida.
- *FAIR TRADE* (COMÉRCIO JUSTO): são aqueles cuja origem atende aos conceitos ditados pelas certificadoras internacionais, destinados aos consumidores que estão preocupados com as condições socioambientais em que o café é cultivado; têm características gustativas marcantes.

O termo "café especial" surgiu em meados da década de 1980 com a fundação da Associação Norte-Americana de Cafés Especiais (Specialty Coffee Association of America – SCAA), que é uma organização comercial que agrega os participantes da cadeia do café e normatiza o mercado de cafés especiais nos Estados Unidos. O termo "especial" envolve o conceito de um produto de alta qualidade, raro e muito específico. Ela desenvolveu uma metodologia objetiva de avaliação de cafés, criando um protocolo de degustação que determina as diferenças sensoriais entre amostras e descreve os sabores e os aromas encontrados. Nesse processo, são pontuados objetivamente onze importantes atributos para o café, como fragrância/aroma, acidez, sabor, corpo, doçura, xícara limpa, balanço, finalização, uniformidade, defeitos e, por fim, balanço geral (Borém, 2008).

No Brasil, temos a representação dessa metodologia por meio da Associação Brasileira de Cafés Especiais (Brazil Specialty Coffee Association – BSCA). A classificação sensorial do café é feita por meio da prova de xícara tradicional e a da qualidade do café é feita pela quantificação da qualidade, por meio de uma escala decimal que vai de zero a cem pontos. De acordo com essa escala, é considerado um café especial aquele que atingir no mínimo 80 (oitenta) pontos. Existe uma relação entre a metodologia SCAA e os conceitos empregados pela COB (explicados anteriormente):

- 85 PONTOS SCAA E ACIMA: bebida estritamente mole – cafés especiais.
- 80 A 84 PONTOS SCAA: bebida mole – cafés especiais.
- 75 A 79 PONTOS SCAA: bebida apenas mole – cafés comerciais finos.
- 71 A 75 PONTOS SCAA: bebida dura limpa – cafés comerciais (*O que é um café especial*, 2010).

Com uma classificação objetiva fica muito mais fácil e transparente a transação comercial, porque há uma clara identificação dos parâmetros envolvidos.

A BSCA é uma instituição privada que congrega pessoas físicas e jurídicas nos mercados interno e externo de cafés especiais e é a única instituição brasileira a certificar lotes que podem ser monitorados por meio de selos de controle de qualidade de cafés especiais, com rastreabilidade total pela numeração individual, cuja consulta é disponibilizada aos consumidores. Em parceria com a Alliance for Coffee Excellence (ACE), a BSCA idealizou, em 1998, o Concurso de Qualidade Cafés do Brasil – Cup of Excellence, que também agrega etapas em mais 11 países produtores no mundo. Essa é uma grande oportunidade de mostrar ao mundo a alta qualidade dos cafés brasileiros e possibilita aos produtores vencedores vender seus cafés, via leilão pela internet, a preços extremamente vantajosos em relação ao mercado convencional. Enquanto que uma saca de café tipo 6 atinge o preço de R$ 470,00, no leilão da Cup of Excellence Brasil 2017, na categoria Pulped Naturals, o café vencedor do concurso foi negociado a R$ 55.500,00 por saca, um recorde mundial de maior valor pago por um lote no leilão do concurso.

REGIONALIZAÇÃO:
INDICAÇÃO GEOGRÁFICA

Assim como o vinho, o café também segue o caminho das certificações por meio das indicações geográficas (IG), que são importantes para a organização e a promoção das regiões cafeeiras. As indicações geográficas podem ser de dois tipos: indicação de procedência (IP) e denominação de origem (DO), as quais colaboram para agregar valor ao produto final.

O órgão responsável pela emissão dos registros é o Instituto Nacional de Propriedade Intelectual (INPI). As indicações geográficas referem-se a produtos ou serviços que tenham uma origem geográfica específica. Seu registro reconhece a reputação, as qualidades e as características que estão vinculadas ao local. Elas comunicam ao mundo que uma região se especializou e tem capacidade de produzir um artigo diferenciado e de excelência. A partir daí nasce o registro da IP, que garante a tradição histórica da produção do café em certa região, e da DO, que indica que as características de qualidade e sabor do café se devem exclusivamente ao ambiente onde é produzido e aos processos e às tecnologias utilizados naquele território, como uma identidade resultante do clima, do solo, do relevo, da altitude e dos altos padrões de produção.

Quadro 11. Regiões que conseguiram ou estão buscando a IP e a DO

Indicação de procedência (IP)	Denominação de origem (DO)
Alta Mogiana (SP)	Cerrado Mineiro (MG)
Região de Pinhal (SP)	Mantiqueira de Minas (MG) (pedido em 2016)
Norte Pioneiro do Paraná (PR)	
Mantiqueira de Minas (MG)	
Oeste da Bahia (BA) (pedido em 2014)	

A SCAA desenvolveu o leque de aromas e sabores usado na avaliação de cafés especiais. Para melhor compreensão, a Organização Internacional do Café (OIC), instituição intergovernamental sediada em Londres, na Inglaterra, publicou um vocabulário para descrever os aromas e os sabores encontrados na bebida café.

VOCABULÁRIO PARA DESCREVER OS SABORES DA BEBIDA CAFÉ:

AROMAS

- **ANIMAL:** este odor lembra um pouco o dos animais. Não é uma fragrância como o almíscar, mas um cheiro como o de pelo molhado, suor, couro, peles ou urina. O termo não indica atributos necessariamente negativos, mas, em geral, intensidades muito fortes.
- **CINZA:** cheiro semelhante aos dos cinzeiros, dos dedos dos fumantes, ou do que se adquire quando se limpa uma lareira. Não é um atributo negativo. Os provadores costumam usar o termo para indicar o grau de torra do café.
- **QUEIMADO/DEFUMADO:** este odor e o sabor correspondente são semelhantes aos dos alimentos queimados. O odor lembra o da fumaça de madeira. Os termos são usados com frequência para indicar o grau de torra que os provadores identificam nos cafés muito torrados ou torrados no forno.
- **QUÍMICO/MEDICINAL:** lembra o cheiro das substâncias químicas, dos remédios e dos hospitais. Os termos se referem a odores como os dos cafés afetados pelo sabor rio ou por resíduos químicos ou dos cafés altamente aromáticos que exalam grandes quantidades de substâncias voláteis.
- **CHOCOLATE:** evoca o aroma e o sabor do cacau em pó e do chocolate (inclusive do chocolate amargo e do chocolate ao leite). É um aroma às vezes descrito como doce.
- **CARAMELO:** o termo se refere ao cheiro e ao sabor obtidos quando se carameliza açúcar, sem queimá-lo. Aconselha-se recomendar aos provadores que não usem o termo para indicar cheiro ou sabor de queimado.
- **CEREAIS/MALTE/PÃO TORRADO:** esses termos indicam aromas característicos dos cereais, malte e pão torrado. Incluem aromas e sabores de grãos crus ou torrados (entre os quais de milho, cevada ou trigo), de extrato de malte ou do pão que se acaba de assar ou torrar. O denominador comum é um cheiro de cereais. Os termos foram reunidos num único grupo porque os provadores os usam de forma intercambiável.
- **TERRA:** odor característico de terra fresca, solo molhado ou húmus. Às vezes associado com o cheiro de musgo, evoca também o sabor de batata crua, considerado indesejável no café.
- **FLORAL:** semelhante à fragrância das flores. É associado com o aroma delicado de diferentes tipos de flores, entre as quais a madressilva, o jasmim, o dente-de-leão e a flor da urtiga. É detectado principalmente quando se nota um odor intenso de frutas ou ervas, mas sua própria intensidade raramente é forte.
- **FRUTAS/CÍTRICO:** estes aromas recordam os odores e sabores das frutas e são marcadamente semelhantes aos aromas naturais como amoras e framboesas. Há uma correlação entre o alto grau de acidez que se percebe em alguns cafés e a acidez das frutas cítricas. Aconselha-se recomendar aos provadores que não usem esses termos para descrever aromas como os das frutas verdes ou excessivamente maduras.
- **GRAMA/FOLHAGEM/ERVAS:** os aromas cobertos por esses três termos lembram gramados recém-cortados e relvados viçosos, ou então ervas, folhagem verde, vagens ou frutas ainda verdes.
- **NOZES:** esse aroma evoca o odor e sabor de nozes, avelãs, amêndoas ou castanhas frescas (ou seja, não rançosas). É diferente do odor e sabor de amêndoas amargas.

- RANÇOSO/PODRE: os dois termos combinados nessa descrição referem-se a odores que lembram a deterioração e a oxidação de diversos produtos. Ranço é o principal indicador da oxidação de gorduras e diz respeito principalmente a nozes, avelãs, amêndoas e/ou castanhas rançosas. Podridão indica a deterioração de vegetais ou produtos não oleaginosos. Aconselha-se recomendar aos provadores que não usem esses termos para descrever cafés que exalam cheiros fortes, mas sem dar sinais de decomposição.
- BORRACHA: esse termo se aplica a odores como os que vêm de pneus aquecidos, elásticos e rolhas de borracha. O atributo descrito não é considerado negativo, mas é intenso e altamente detectável em alguns cafés.
- ESPECIARIAS: aroma típico de especiarias como o cravo e a canela. Aconselha-se recomendar aos provadores que não usem o termo para descrever aromas semelhantes aos dos condimentos usados em pratos salgados, como a pimenta, o orégano, o cominho e outros.
- TABACO: evoca o odor e o sabor do tabaco ou do fumo de corda. O termo, porém, não deve ser utilizado com referência a tabaco queimado.
- VINHO: termo utilizado para descrever a combinação de cheiro, gosto e sensação na boca quando se toma vinho. Trata-se de um atributo frequentemente associado com acidez ou sabor/odor de frutas. Aconselha-se recomendar aos provadores que não usem o termo quando o sabor é azedo ou de fermentação.
- MADEIRA: esse aroma lembra madeira seca, barris de carvalho, árvores mortas ou papelão.

GOSTOS
- ÁCIDO: um sabor primário, resultante da solução de um ácido orgânico. Sua pungência desejável e agradável é particularmente acentuada em cafés de certas origens e contrasta com o azedume causado por excesso de fermentação.
- AMARGO: sabor primário, resultante da solução de cafeína, quinino e certos alcaloides. Esse gosto, que até certo ponto se considera desejável, é afetado pelo grau de torra e pelo método de preparo da bebida.
- DOCE: sabor primário, característico de soluções de sacarose ou frutose comumente cobertas pelos termos que descrevem aromas do tipo frutas, chocolate e caramelo. Costuma-se usar o termo para descrever cafés sem deterioração de sabor.
- SALGADO: sabor primário da solução de cloreto de sódio e outros sais.
- AZEDO: sabor excessivamente pungente, acre e desagradável (como o do vinagre ou do ácido acético), às vezes associado com o cheiro do café fermentado. Aconselha-se aos provadores que não confundam esse sabor com o sabor ácido, em geral considerado agravável e desejável no café.

SENSAÇÃO NA BOCA
- CORPO: usa-se esse termo com referência às propriedades físicas da bebida quando esta, ao contrário de uma bebida rala, é encorpada, produzindo uma sensação agradável na boca.
- ADSTRINGÊNCIA: caracteriza-se por certa secura na boca após tomar-se a bebida, que é considerada indesejável no café.

Fonte: International Coffee Organization. Disponível em http://www.ico.org/pt/vocab_p.asp, acesso em 3/11/2009.

SCA Roda de Sabores do Provador de Café

NOVOS CAMINHOS PARA O *CANEPHORA* NO BRASIL

O estado do Espírito Santo é o principal produtor de café conilon do Brasil, representando cerca de 75% da produção nacional, e possui uma das melhores tecnologias do mundo, a qual evoluiu muito graças ao Instituto Capixaba de Pesquisa, Assistência Técnica e Extensão Rural (Incaper) em parceria com diversas instituições. Trabalhando a melhoria da qualidade na colheita, na pós-colheita os resultados logo se apresentaram na bebida, com notas de pontuação SCAA que variam de 80 a 86 pontos.

Rondônia possui o maior parque cafeeiro da Região Norte do país, sendo o segundo maior produtor brasileiro de café da espécie *Coffea canephora*, nas variedades conilon e robusta, atrás apenas do Espírito Santo. Com investimentos na lavoura e na pós-colheita, Rondônia vem-se destacando na melhoria da bebida. Com condições ambientais, técnicas e políticas favoráveis, o estado busca tornar-se referência em cafés sustentáveis para o Brasil e o mundo. Por meio da Emater-RO, o estado firmou, em setembro de 2015, um termo de cooperação com a Plataforma Global do Café – coordenada no Brasil pela empresa P&A Marketing – para o Programa de Café Sustentável (SCP). Em 2016 foi criado o Concurso de Qualidade e Sustentabilidade do Café de Rondônia (Concafé), com o intuito de aumentar a produção de grãos e melhorar ainda mais a qualidade do produto que já vem crescendo no estado.

Dois produtores de Rondônia ganharam, na categoria conilon, o 2º e o 3º lugares do concurso Coffee of the Year 2017, ficando o 1º lugar com o estado de Minas Gerais.

ARMAZENAGEM APÓS CLASSIFICAÇÃO

O café ficará guardado em armazéns próprios para a estocagem. O café verde tem uma vida relativamente longa se armazenado em condições ideais, como a ausência de luz direta e ambiente arejado, mas fora de fluxos de ar e devidamente empilhado. As sacas não podem estar empilhadas diretamente no chão, mas sobre estrados (*palets*), para que não absorvam umidade. Também devem ser observadas as condições de higiene dos armazéns, para evitar a infestação de pragas.

Dessa forma, o café manterá suas características por mais de um ano. Após o segundo ano de armazenagem, começa a degradação lenta e gradual de suas características mais marcantes, como aroma e sabor, mas sua vida útil poderá ser de dez anos ou mais. O café verde, armazenado por muito tempo nas sacarias, poderá adquirir gosto da própria saca do café e, mesmo sendo uma bebida mole, terá sua qualidade comprometida.

Café beneficiado na sacaria.

CAPÍTULO 4
Preparo da bebida café

CONCETTA MARCELINA

Todo o preparo da bebida café deve ter a atenção do barista. É importante que ele saiba os métodos de preparo e a moagem correta para cada forma e equipamento utilizado. Em relação ao processo de torra, um tema bastante abrangente, existem cursos específicos e o especialista em torra chama-se "Mestre torrador".

Torração

Para a preparação da bebida café, é necessário que os grãos sejam torrados. A torra tem a finalidade de provocar mudanças físicas no grão – tanto modificações na forma, na cor e no tamanho como alterações químicas nos compostos orgânicos do grão. Essa é uma parte muito importante no processo, responsável pelo aroma e pelo sabor da bebida.

A torração do café acontece no torrador, onde circula ar aquecido a uma temperatura aproximada de 260 °C, aquecendo os grãos. Quando o café verde entra no torrador, a temperatura inicial é de 100 °C a 104 °C e a troca de calor serve para evaporar a umidade existente (cerca de 10%). Somente após essa evaporação é que a temperatura eleva-se lentamente e o restante da umidade (cerca de 1% a 2%) evapora-se vagarosamente. Quando a temperatura do grão estiver em torno de 204 °C, a absorção de calor aumenta por causa das reações de pirólise (do grego *pyros*, que significa fogo, e *lysis*, que significa dissolução) que se processam em seu interior. É com essa reação que se desenvolve o sabor do café.

Simplificadamente, o que acontece é que como a umidade é um ótimo condutor de calor, é fundamentalmente necessário o controle de tempo e temperatura adequados para que parte dessa água seja forçada no interior do grão e, num determinado momento, entre em ponto de ebulição. É a força da água para sair do grão que ocasiona o aumento do volume por meio do rompimento celular. Nessa fase ouve-se os primeiros "pops", ou seja, estouros parecidos com pipocas na panela. Ao mesmo tempo, as moléculas de açúcares começam a se quebrar e a conferir um aroma doce ao ambiente. Essa umidade não pode escapar muito rapidamente senão o grão não irá se expandir e não provocará as reações de pirólise necessárias, resultando em um café sem aroma e sabor. Os produtos da pirólise são os açúcares caramelizados, carboidratos, ácido acético e seus homólogos, aldeídos, cetonas, furfural, ésteres, ácidos graxos, aminas, CO_2, sulfetos, etc. (Pimenta, 2003, p. 265).

A cor marrom que o café adquire durante a torra vem da caramelização dos açúcares presentes no grão, quando é perceptível o aroma de frutas secas, amêndoas e caramelo. Essa reação é muito rápida, pois os grãos já absorveram toda a energia necessária e continuará a pirolise mesmo sem fonte de calor.

Se o processo prosseguir, os grãos irão adquirir uma coloração cada vez mais escura e os óleos presentes irão migrar para a superfície, acelerando a carbonização e transformando o café

Torra desigual.

Torra de café selecionado.

em cinza. Poderá até se incendiar ao ser retirado do torrador, pois será alimentado por uma grande quantidade de oxigênio.

As torras mais intensas mascaram as adulterações do grão, pois o único gosto que prevalecerá será o amargor (proveniente da cafeína) e o de cinzas.

O ponto de torra é muito importante para a avaliação da bebida. A Sociedade Norte-Americana de Cafés Especiais (SCAA) e a empresa norte-americana Agtron criaram uma forma de monitorar o grau da torra indiretamente, isto é, fora do forno, chamada de escala Agtron.

Essa escala, aceita mundialmente, é composta por oito discos com várias tonalidades de marrom em alta resolução que representam as cores da torra. Essas cores são indicadas por números que variam de 10 em 10: atribui-se à torra mais clara o número 95 e à mais escura, o número 25.

Outros aparelhos próprios para checar a cor da torra são utilizados, como os colorímetros, mas são mais caros que os discos do sistema Agtron, e acabam sendo utilizados somente em grandes empresas.

A preferência quanto ao tipo de torra varia muito de um país para outro. É comum a preferência da torra mais clara – Agtron 75 – nos Estados Unidos. Já na Europa, a preferência é pela torra mais escura – Agtron 45 e 35 – e no sul da Itália, é comum a torra com os óleos saindo do grão.

No Brasil, a preferência está pela torra média para forte – Agtron 65 a 45. Vale lembrar que todas as nuances presentes entre os graus de torra da escala Agtron são consideradas.

Com relação ao tamanho do torrador, há no mercado torradores para 300 gramas que são utilizados para a prova de café, geralmente nas fazendas e em empresas de classificação, e outros de 1 kg, 3 kg, 5 kg, 10 kg, 15 kg, 60 kg, 240 kg, etc. Está se tornando um atrativo nas cafeterias os torradores automáticos para 1,2 kg a 10 kg de café. Esses torradores atraem a atenção do cliente, pois propiciam o acompanhamento da torra e também do controle de qualidade do produto final.

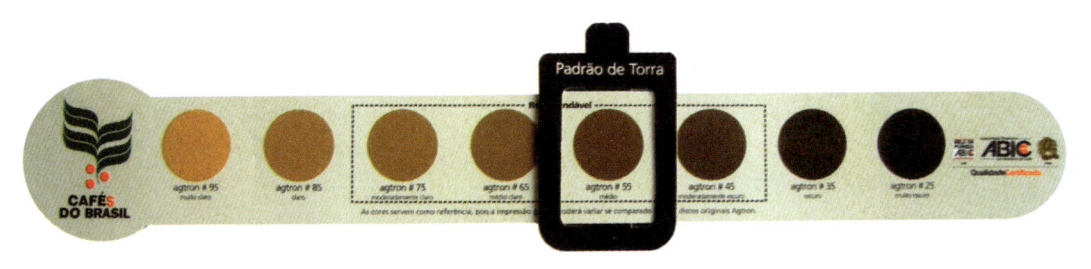

Escala Agtron.

Quadro 1. Tons da torra

Estágio	Propriedades dos grãos	Número Agtron	Aparência do grão
Cru	Grão cru tem 12% de água/massa.	99-81	Verde.
Cinnamon	Vapores voláteis causam a expansão dos grãos.	80-75	Marrom claro. Corpo claro, mínimo aroma, sabor parecido com chá. Nenhum óleo na superfície do grão.
American	Os grãos ainda estão expandindo. Esse é o estágio em que o primeiro crack começa. Acidez mais alta do que açúcar.	74-65	Marrom escuro. Grande em tamanho. Evidente acidez, superfície do grão mantida seca.
City	Grão quase no máximo de expansão. O estágio do crack se encerra.	64-60	Rachaduras no grão por causa de liberação de gases.
Full City	Máxima expansão dos grãos. Balanço de ácidos e açúcares. Inicia o estágio do segundo crack.	60-50	Lascas do grão começam a voar. Óleo está levemente visível. Acidez balanceada, corpo mais completo. Superfície do grão geralmente seca.
Viena	Mais gases são liberados. O estágio do segundo crack se encerra.	49-45	Marrom mais escuro. Grãos têm óleo sobre si. Emerge amargor adocicado. Baixa acidez, corpo pesado.
Espresso	Decrescem os aromas. Açúcares se caramelizam.	44-35	Preto com manchas de óleo, superfície brilhante. Amargor doce domina a acidez.
French	Ácidos decrescem radicalmente. Açúcares se caramelizam.	34-25	Preto escuro. Muito óleo. Cheiro de queimado. Coberto com óleo. Tons de amargo dominam. Corpo fino.
Italian	Grãos perdem o sabor característico do café.	24-15	Preto. Superfície brilhante. Tons amargos queimados dominam.

Fonte: Tabela da Bald Mountain Coffee Company divulgada pela Embrapa. Bastos, 2008, p. 31.

Assim que o café adquire o ponto de torra desejado, ele deve sofrer um resfriamento, caso contrário a energia acumulada no interior do grão fará com que ele continue a torrar. Esse resfriamento pode ocorrer no próprio torrador por meio de injeção de ar ou de água. Há também torradores que resfriam o café pela combinação de ar frio e água pulverizada. O importante é fazer parar o calor e resfriá-lo rapidamente para atingir o ponto de qualidade exigido.

Somente depois de resfriado, o grão pode ser embalado ou moído. É comum também entre as torrefadoras deixar o café descansar um dia para eliminar gases presentes antes do processo de embalagem.

Moagem

Moer os grãos de café torrados parece um passo simples no preparo da bebida café. A moagem consiste na trituração dos grãos antes do preparo da bebida utilizando o método de infusão escolhido.

Quando os grãos de café são moídos, sua fibra sofre aquecimento e se rompe liberando gás carbônico. Conforme é liberado, esse gás arrasta outros compostos orgânicos (ésteres) que constituem a essência da fragrância do café (Mori, 2001). Por esse motivo, quando estamos moendo os grãos a fragrância exalada é capaz de perfumar todo o recinto, mas depois de um período ela se perde.

Durante centenas de anos, o café foi moído à mão, em moinhos caseiros. Hoje existem moinhos elétricos, com lâminas rotativas que fatiam os grãos, mas geralmente é mais difícil obter uniformidade na moagem dessa forma. Também existem moinhos de discos que se assemelham muito com os moinhos comerciais. Nesse tipo de moinho, a uniformidade das partículas é mais precisa.

A maioria dos moinhos profissionais possui um recipiente para armazenagem de pó. Há também os moinhos chamados de dosadores, que acompanham as máquinas de café *espresso* e moem somente a quantidade de café necessária para um ou dois cafés.

Todos os moinhos possuem regulagem de granulometria (espessura do pó) e duas mós, uma fixa e outra rotativa. Enquanto uma lâmina fica fixa no moinho, acionada quando ligado ao motor, a outra é removível, e a distância entre elas é o que determina a espessura do grão.

A moagem deve ser realizada o mais próximo possível da preparação da bebida, pois ela expõe o grão a uma grande quantidade de ar que causa uma aceleração da oxidação.

Formas de preparo da bebida

Existem diversas formas de se preparar café. Algumas foram perdidas ao longo dos anos e outras, perpetuadas até hoje.

Um fator importante é que para cada tipo de preparo temos uma granulometria, ou seja, uma espessura diferente de moagem. É importantíssimo que o barista tenha conhecimento do método de preparo para efetuar a moagem correta. A moagem faz com que os grãos se quebrem aumentando o contato da superfície com a água.

O preparo da bebida café é feito por infusão em água quente e poderá ser por um período mais longo ou mais curto, com o auxílio de alguma força (pressão) ou não. Nos métodos coados, a pré-infusão é obrigatória. A primeira água vertida sobre o café por 30 a 45 segundos fará com que ele se expanda – é o chamado *bloom*. Isso permite umedecer o café e a consequente saída do gás carbônico, para na sequência continuar a extração.

CAFÉ TURCO – FEITO NO *IBRIQ*

Uma das formas mais antigas de se preparar café no mundo é o *Ibriq*.[1] Também chamado de café turco, é feito em um recipiente semelhante a uma panela pequena de cobre ou alumínio com cabo lateral. Primeiro moem-se os grãos muito finamente, com resultado semelhante a um talco, quase pulverizado. Esse pó é colocado no recipiente *Ibriq* e misturado a água fria (nesse momento podem ser acrescentadas sementes de cardamomo).

A mistura é levada ao fogo para ferver por três vezes e depois é servida sem coar. Como a fervura acentua o amargor do café, é comum acrescentar açúcar na mistura. A quantidade de água e de pó de café será determinada de acordo com o tamanho do *Ibriq*, mas uma medida para orientação pode ser 15 gramas de pó de café para 50 mℓ de água (a medida de açúcar é a mesma de pó de café).

Esta forma de preparo é usada na cafeomancia, que é a arte de predizer o futuro analisando os desenhos feitos pela borra de café na xícara de seu bebedor.

FRENCH PRESS

Conhecida também como cafeteira francesa, francesinha, prensa francesa, *cafetière* e cafeteira de êmbolo. Esse método é muito usado na Europa e nos Estados Unidos por ser uma forma de preparar o café coado extraindo todo o sabor presente nos grãos. A forma de preparo é simples, mas requer alguns cuidados. O aparelho utiliza um sistema de êmbolo para separar a bebida da borra de café. Os grãos devem ser moídos mais grosseiramente. Depois, deve-se colocar água bem quente no recipiente de vidro para aquecê-lo, pois a perda de temperatura durante o preparo é prejudicial. Em seguida, o pó moído é colocado no recipiente de vidro, com a água quente e é mexido. Fechar com o êmbolo e aguardar 4 minutos para que a infusão se complete. Após esse tempo, pressionar o êmbolo para que haja a separação da borra de café e do líquido, formando a bebida. O sabor é ligeiramente mais leve e muito agradável ao paladar por se tratar de uma bebida coada.

As quantidades utilizadas de água e pó de café serão determinadas pelo tamanho da *french*

---

1 Nome dado ao recipiente para preparar o café turco.

Ibriq

French press

press, mas para orientação pode ser utilizada 30 gramas de pó para 300 m*l* de água.

A limpeza da cafeteira é fundamental para o bom funcionamento e também para preservar as qualidades da bebida preparada. Deve-se lavar o vidro com sabão neutro (somente depois de frio para evitar que se quebre com o choque térmico) e todas as partes do êmbolo em separado, com atenção especial à rede de contenção. Secar e guardar montada para novo uso.

COADOR

É o método mais utilizado no mundo todo. O coador pode ser de pano, papel, *nylon*, aço inox e até fios de ouro de 23 quilates e de titânio (esses dois últimos, por não possuírem filtros de papel que absorvem os óleos essenciais do café, resultam numa bebida com mais sabor). A bebida filtrada dessa maneira quase não apresenta resíduos de pó.

O preparo requer que a moagem seja fina, porém não tão fina como a utilizada para o *Ibriq*, pois a água não passaria pelo coador, nem tão grossa como a utilizada pela *french press*, porque a bebida seria muito fraca.

Coloca-se o pó no coador enquanto aquece-se a água (cuidado para não fervê-la). É importante aquecer também a jarra que irá receber a bebida filtrada. Após o aquecimento, derramar a água sobre o pó, fazendo com que toda a superfície do pó esteja em contato com a água. A bebida é filtrada para a jarra e deve ser servida imediatamente ou guardada em garrafa térmica por um período que não seja maior que 30 minutos. Após esse tempo, o sabor ficará comprometido e a bebida tende a fermentar por causa dos açúcares presentes no grão e na água da preparação.

Poderá ser utilizada a proporção de 100 gramas de pó para 1 litro de água, mas, dependendo da preferência do consumidor por uma bebida mais forte ou mais fraca, a quantidade de pó poderá ser alterada.

O coador de pano deve ser lavado apenas em água corrente todas as vezes em que for utilizado e a borra deve ser descartada. Recomenda-se também torcer bem o coador e guardá-lo em um saquinho plástico dentro do congelador, para evitar a contaminação por bactérias. Já o coador de papel deverá ser descartado e o porta-filtro lavado. Os coadores de nylon, aço inox, titânio ou de fios de ouro devem ser limpos apenas com água corrente e bem secos, também para evitar contaminação.

CAFETEIRA ELÉTRICA

Uma praticidade dos dias atuais, as cafeteiras elétricas estão cada vez mais sofisticadas e algumas incluem até um moinho acoplado para moer o café na hora do preparo da bebida. Também são comuns cafeteiras que podem ser programadas para ligar em um horário preestabelecido para preparar a bebida.

O modo de preparo é semelhante ao do café de coador, utilizando a moagem fina e filtro de papel. Coloca-se água no recipiente da cafeteira, o pó no coador e a jarra de vidro temperado que irá receber a bebida. Ao ligar na eletricidade, a resistência irá aquecer a água e também a base onde se encontra a jarra. Quando a água atingir uma temperatura de aproximadamente 80 °C a 90 °C, será transportada por um cano até o porta-filtro com o pó de café. A água cairá lentamente sobre o pó e a bebida será extraída, depositando-se na jarra aquecida. Esse processo leva de 6 a 8 minutos.

A proporção de pó de café e água é sempre indicada por medidas impressas na cafeteira e nos utensílios que a acompanham.

A limpeza do aparelho deverá ser frequente, pois a água deixa resíduos de calcificação ao longo do uso. Recomenda-se retirar a peça superior e escová-la em água corrente, descartar o filtro com a borra de café e lavar o porta-filtro. A jarra deverá ser lavada apenas depois de fria, para evitar o choque térmico. O café poderá ficar na jarra aquecida o mesmo tempo que na garrafa térmica: 30 minutos no máximo, para evitar que a bebida fermente.

CAFETEIRA ITALIANA

Conhecida também como *mocha*, *moka* ou *mokinha*, essa cafeteira é muito usada na Itália e produz um café mais forte e escuro, semelhante ao *espresso*, porém sem o creme. Alguns modelos mais novos prometem o creme e até a preparação de *cappuccino*.

O método é simples, mas a cafeteira requer alguns cuidados no manuseio. A moagem dos grãos deverá ser de espessura média, ou seja, mais grossa que a moagem de coador, mas mais fina que a moagem para a *french press*. A cafeteira italiana possui três partes: um recipiente inferior para a colocação da água, que possui uma válvula, um recipiente para o pó e outro para receber a bebida pronta. Geralmente são feitas de alumínio, mas existem alguns modelos em aço inox.

O método de preparo consiste na colocação da água no recipiente inferior até a altura da válvula. Em seguida, coloca-se o recipiente para o pó, enchendo-o até a borda, mas sem compactar. Entre o pó e o recipiente para receber a bebida encontra-se uma peneira e um anel de borracha que garante o fechamento hermético do aparelho.

Ao levar a cafeteira ao fogo baixo, a água irá aquecer e aumentar de volume, passando através do pó e para o recipiente de cima. Para que o café não queime, o fogo deve ser desligado quando a bebida atingir a metade do volume do recipiente superior. É comum as pessoas pensarem que a água no recipiente de baixo chega a ferver, mas o que ocorre é somente o aquecimento elevado, causando uma diferença de pressão, o que faz com que a água suba e atravesse o pó.

A bebida café produzida na cafeteira italiana é a que mais se assemelha ao *espresso* por seu sabor marcante e sua coloração escura. Isso se dá por causa da pressão com que a água passa pelo pó.

A cafeteira italiana deverá ser limpa todas as vezes que utilizada. O modo correto é aguardar o aparelho esfriar, separar os recipientes, retirar a borracha e a peneira e escovar todas as partes para limpeza total. Enxaguar muito bem e deixar secar aberta, para evitar mofo.

As medidas de água e pó de café são determinadas pelo tamanho de cada cafeteira, uma vez que no recipiente de pó cabe exatamente a quantidade para cada xícara de café que será produzida.

GLOBINHO

Também conhecida como sifão, cafeteira a vácuo ou *kona*. Essa cafeteira possui dois balões de vidro que se acoplam com um sifão entre eles.

A preparação é simples, mas requer cuidados no manuseio e na limpeza, pois o vidro é muito frágil. A moagem dos grãos deverá ser de espessura média, quer dizer, mais grossa que a moagem de coador e mais fina que a moagem para a *french press* (a mesma moagem da italiana).

O método de preparo consiste em colocar a água no recipiente de baixo e o pó no recipiente de cima. Quando aquecida, a pressão no recipiente inferior fica maior que no superior e a água sobe pelo sifão – semelhante ao que acontece com a italiana –, entrando em contato com o pó. Depois que toda a água passou para o recipiente de cima, deve-se retirar a fonte de calor e, assim que a temperatura começa a cair, a bebida é filtrada para o recipiente de baixo novamente. Para a limpeza, espere esfriar por completo, lave todas as partes com uma esponja macia, enxugue totalmente e guarde.

AEROPRESS

Cafeteira criada em 2005 pelo norte-americano Alan Adler. O equipamento é de plástico, leve, pequeno e fácil de ser transportado. A bebida preparada nessa cafeteira ressalta as características aromáticas e o sabor do café, levemente mais suave do que o *espresso*.

A moagem é a mesma utilizada na *french press*, mas há baristas que preferem um pouco mais fina, semelhante a moagem para a italiana.

O preparo deve ser realizado conforme as instruções do fabricante:

- retire o êmbolo e a tampa da câmara;
- coloque um filtro na tampa e feche a câmara;
- coloque a câmara em uma caneca resistente;
- coloque duas colheres-medida de café moído na câmara;
- despeje a água quente lentamente dentro da câmara até o número 2. Use água 175 ºF (80 ºC);
- misture a água e o café moído com a espátula do equipamento durante cerca de 10 segundos;
- molhe o selo de borracha e insira o êmbolo no interior da câmara. Pressione suavemente para baixo por cerca de seis centímetros e mantenha essa pressão por cerca de 20 a 30 segundos até que o fundo do êmbolo esteja sobre o café, mantendo uma pressão suave;
- a bebida será coada para a caneca.

Globinho

Aeropress

Cafeteiras italianas

A conservação do equipamento depende também da limpeza após o uso. Para isso, retire a tampa da câmara, lave e reserve. Empurre o êmbolo para ejetar a borra de café e descarte. Lave o êmbolo para retirar quaisquer resíduos da borracha de vedação.

HARIO V60

Criado no Japão, esse método é semelhante ao dos filtros de papel tradicionais, mas o porta-filtro é feito de cerâmica, acrílico ou vidro. Possui alta resistência térmica, diferente dos porta-filtros em acrílico do café coado.

O porta-filtro possui ranhuras que permitem um fluxo contínuo e homogêneo da extração, porém sem reter o líquido na parte inferior

O filtro de papel usado é bastante fino e poroso, de formato cônico e próprio para esse tipo de extração. A moagem deve ser média, semelhante à usada na italiana. A bebida final é bastante limpa, com acidez e doçura bem ressaltadas, porém sem apresentar amargor.

A limpeza é semelhante a do coador comum, descartando-se o filtro com a borra de café e lavando os recipientes.

CHEMEX

Técnica criada pelo americano Peter J. Schlumbolm, que une um frasco chamado Erlenmeyer e um funil – o processo é o mesmo do café filtrado, porém o afunilamento no meio da peça colabora na conservação da temperatura do café, deixando-o quente por um tempo maior.

O filtro usado é cônico e feito em um papel mais grosso do que o utilizado em coadores comuns. Deve ser encaixado na jarra e aberto para receber o pó de café com moagem média, semelhante à usada na italiana. Como o filtro apresenta uma parede tripla de filtragem num dos lados, nenhum resíduo sólido passa para a xícara, proporcionando um sabor muito adocicado, equilibrado e com uma bebida limpa.

A limpeza deve ser feita após o uso, descartando o filtro com o pó e lavando o porta-filtro e a jarra.

CLEVER

Criado em Taiwan, o método é semelhante ao do coador de papel. A diferença fundamental desse método para os demais é a possibilidade de controlar o fluxo do café, de forma que o pó fique em contato com a água quente pelo tempo que se desejar. Dessa forma, é possível liberar outras notas olfativas dos cafés.

A forma de preparo é bem parecida com a tradicional: deve-se colocar o filtro no coador e umedecê-lo com um pouco da água quente. Então, põe-se o pó de café e mais um pouco de água, para a pré-infusão. Imediatamente, o coador cortará o fluxo do café – deixe assim por 1 minuto e adicione o restante da água. Depois de alguns minutos,

Máquinas de *espresso*.

ponha o coador sobre a jarra para liberar o fluxo e obter o café coado. Se quiser um café com mais cafeína (e um pouco mais amargo), deixe a água em contato com o pó por mais tempo.

CAFÉ *ESPRESSO*

O café *espresso* é uma bebida de origem italiana,[2] chamada de *caffé espròsso* em italiano, *café express* em francês, e *italian espresso* ou *espresso coffee* em inglês.

Há uma eterna controvérsia a respeito da grafia em português, porque a etimologia café expresso é a tradução literal do italiano *caffé espròsso*. Provavelmente, a confusão surgiu porque a palavra "espremer" em italiano é *spremuto*, e o verbo "expressar" em italiano é *esprímere*, do qual deriva a palavra "expresso". O verbo em latim significa tanto "comprimir", "espremer", quanto "exprimir", "expor", "dizer". Mas o mesmo não acontece na língua portuguesa, na qual "expresso" pode significar um meio de transporte ou algo rápido.

Embora utilizada em diversos textos, embalagens de café e panfletos promocionais, a palavra *espresso* grafada com s não existe na língua portuguesa. Mas, como a palavra expresso com x não possui significado de "espremer", a expressão "café expresso" estaria errada, pois dá a impressão de um café rápido. Esse conceito vai de encontro à ideia de que o cliente pode tomar seu café único, feito de forma exclusiva, em um ambiente

---

2   A primeira máquina de café *espresso* foi apresentada em 1855, na Exposição de Paris, e, posteriormente, foi aperfeiçoada pelos italianos. Em 1938, Achille Gaggia, em Milão, apresentou seu modelo do que mais se assemelha às máquinas de café atuais. Por essa razão, os italianos são considerados os patronos do café *espresso*.

agradável durante o tempo que desejar, mesmo que seja somente para tomar um *espresso*.

Podemos dizer que essa seria a nova tendência para a utilização da grafia "café *espresso*".

A bebida café *espresso* é preparada utilizando-se uma máquina que aquece a água que, por pressão (força), atravessa os grãos moídos e compactados em um compartimento. A água quente extrai tudo o que aquele pó contém, carregando para a xícara todos os odores e sabores. O resultado é uma bebida intensa e rica em sabores.

KALITA WAVE

Método criado pela Kalita Co., empresa familiar japonesa que fabrica equipamentos para café desde 1950. Diferentemente dos métodos *Hario V60* e *Chemex*, em que o café é extraído em um único orifício central, no *Kalita* o fundo do filtro é plano e possui 3 pequenos orifícios de extração. O filtro de papel é ondulado (com 20 ondas), tem contato mínimo com o suporte, e a dispersão da água é mais uniforme. A moagem mais indicada é a média, semelhante à usada no método *Chemex*. A proporção entre café e água recomendada é de 20 gramas de café para cada 300 mℓ de água, mas pode-se usar a proporção de 10% de café para o uso da água para uma bebida mais concentrada. Para o preparo, inicie com o aquecimento da água e escalde o filtro de papel com a água quente para tirar qualquer gosto residual de papel. Coloque o café moído no filtro escaldado e dê uma leve sacudida para que fique bem distribuído. Coloque a primeira água para preparar a pré-infusão e espere aproximadamente 30 a 45 segundos, completando com o restante da água em movimentos circulares. Use metade da água nesse processo, espere o nível baixar e finalize com o restante da água. Deixe toda a extração terminar. Para a limpeza, descarte o filtro com a borra de café e lave as partes em água corrente com esponja macia. A jarra de vidro deve ser lavada após a temperatura baixar para evitar choque térmico. Enxugue todas as partes e guarde.

COLD BREW

Surgiu no século XVII por causa da necessidade de preservar o café para ser consumido em longas viagens ou em tempos de guerra. Os holandeses foram os primeiros a se beneficiar da técnica, que também fez sucesso entre os japoneses e, mais tarde, os franceses. Era um concentrado de café que poderia ser usado para preparar a bebida apenas adicionando água quente. Aproximadamente em 1830 os franceses desenvolveram uma variação do *cold brew* mais parecida com a que conhecemos hoje, que é consumida gelada: a bebida chamada *mazagran*, uma mistura de concentrado de café adoçado com água gelada. Por volta do século XX conquistou a Europa e na década de 1960 conquistou o Japão. O modo de preparo, como não utiliza água quente, é mais longo e varia entre 12 e 24 horas. Primeiramente escolha o recipiente para o preparo, que deve ser higienizado adequadamente.

Existem aparelhos específicos para a preparação do café extraído a frio, como a Toddy, com feltro para a coagem da bebida, e as jarras *Mizudashi*, da marca japonesa Hario, mas é possível utilizar equipamentos tradicionais (como a prensa francesa) ou vidros que possuam tampa. A moagem deve ser de média a grossa. A proporção entre café e água recomendada é de 10% de pó para a quantidade de água filtrada e fria. Se preferir, ajuste a quantidade para 8% para a bebida ficar mais suave. Coloque a água sobre o pó, primeiramente para umedecê-lo, e depois de 30 segundos complete com o restante da água. Tampe completamente o recipiente e deixe na geladeira por 12 a 24 horas. Após esse tempo, proceda à filtragem, que poderá ser no próprio equipamento ou em filtro de papel. Guarde em geladeira. Pode-se beber com gelo, com leite, com creme, com água gaseificada e com água tônica, além de usar a bebida para o preparo de drinks diversos, possibilitando inúmeras inovações. Atualmente já existe no mercado o *cold brew* vendido engarrafado e pode-se encontrar, em diversas cafeterias, o *nitro cold brew*, uma versão da bebida que recebe uma injeção de nitrogênio e ganha textura cremosa, além de um colarinho caramelo-claro que contrasta com sua cor escura.

CAFÉ EM MONODOSES – *SINGLE CUPS*

São chamadas de monodoses ou doses únicas as cápsulas de café presentes em diversas marcas no mercado nacional e mundial. As principais linhas de máquinas de café em dose no mercado mundial, como Nespresso, Nescafé Dolce Gusto e Três Corações, por exemplo, oferecem um café de qualidade e, em alguns modelos, há opções de multibebidas, como *cappuccinos*, chocolates e chás. Atualmente as preocupações em relação aos efeitos nocivos das cápsulas no meio ambiente geram debates constantes e impulsionam a busca por alternativas sustentáveis. Nesse contexto, algumas empresas investem no desenvolvimento de produtos que causem menos impactos à natureza e apostam nesse diferencial para alavancar suas vendas. Algumas das alternativas abrangem a reciclagem das cápsulas de alumínio devolvidas às lojas e a criação de cápsulas biodegradáveis em 180 dias. Uma novidade do mercado norte-americano são cápsulas feitas a partir da resina de bambu e à base de milho, que se decompõem em 90 dias. As cápsulas de café surgiram em 1970, fabricadas pelo suíço Jean-Paul Gaillard, e posteriormente a empresa Nespresso assumiu o mercado. O processo de fabricação do café em cápsulas inicia-se com a torra e a moagem dos grãos e a introdução no interior das cápsulas por maquinário específico. O pó é pesado e prensado, o nitrogênio é adicionado para conservar o frescor do café, e acrescenta-se uma película para retenção e fechamento. A grande maioria das marcas embala as cápsulas individualmente, garantindo o frescor e a qualidade de cada unidade. Ao abrir as embalagens, a unidade deve ser utilizada imediatamente, e após a extração e o descarte da cápsula, deve-se deixar que um pouco de água corra livremente para retirar resíduos de café. A limpeza deve ser feita periodicamente conforme seu uso. Retire todas as partes removíveis da máquina e lave-as em água corrente com escova e sabão. Não se esqueça também da lavagem do recipiente de água, que deve ser reabastecido com água potável. Periodicamente deve-se fazer a descalcificação do aparelho com produtos específicos vendidos pela empresa da marca.

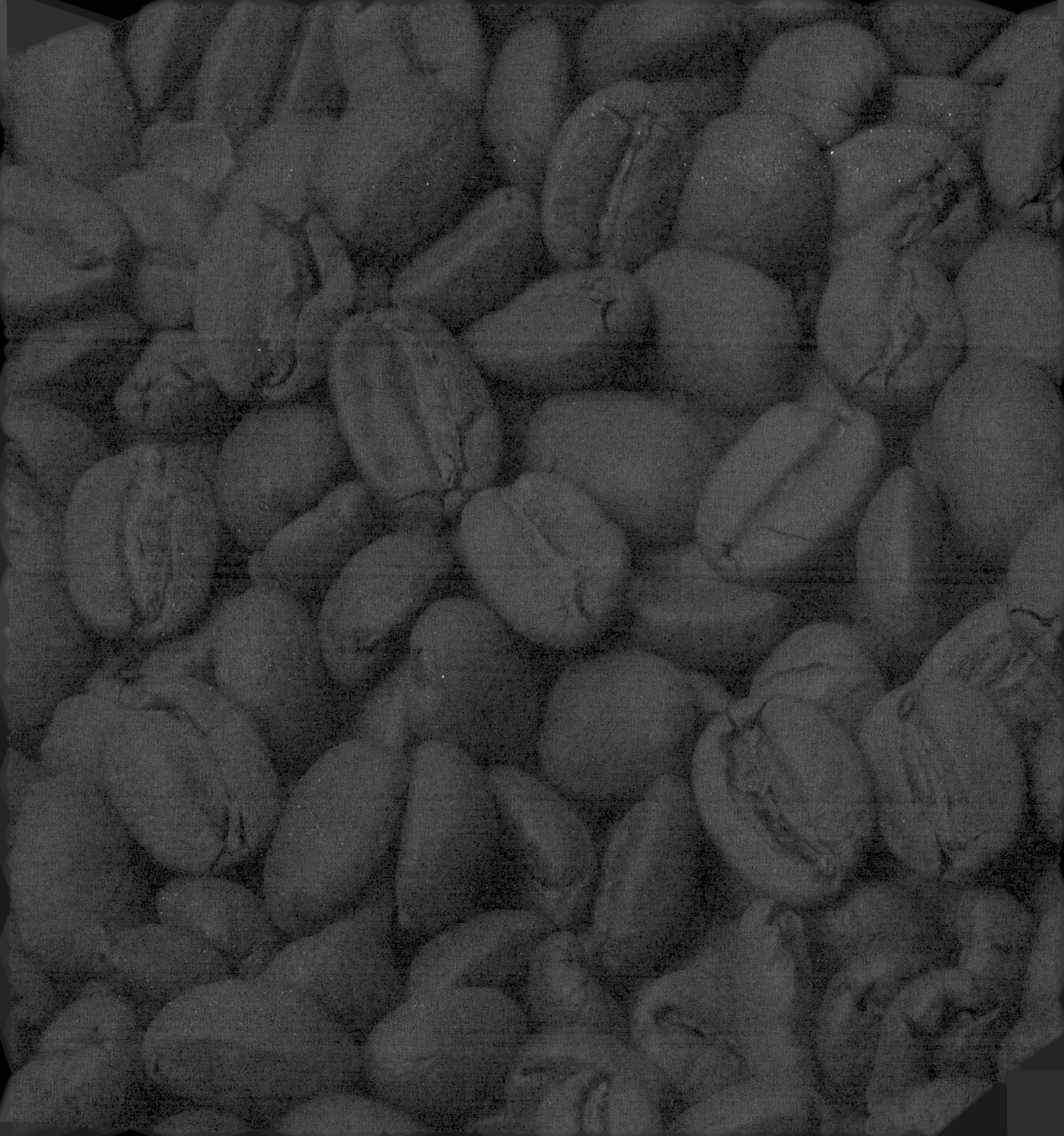

CAPÍTULO 5
Quem é o barista
CONCETTA MARCELINA

Com a divulgação do café *espresso*, surgiu a profissão de barista. O barista é o especialista no preparo de *espressos*, responsável pela cafeteria quando se fala em café. O nome surgiu na Itália e lá é usado até hoje para determinar o atendente do bar. Após a Segunda Guerra Mundial, houve um aumento do consumo de bebidas e consequentemente um aumento do número de bares no mundo todo; nessa época, então, o profissional que trabalhava no bar passou a se chamar *barman* – ou o homem do bar. Atualmente, esse profissional atende pelo título de *bartender*, já que muitas mulheres também atuam nesse campo. A palavra "barista" ficou restrita ao universo do café, mesmo que o profissional trabalhe com bebidas alcoólicas, mas tendo sempre como base o café.

Podemos dizer que o *bartender* que for trabalhar com café necessita dos conhecimentos de barista, tanto quanto o barista necessita dos conhecimentos de *bartender* para criar suas bebidas com café. As duas profissões se complementam.

O *espresso* possui todas as características que acentuam os atributos sensoriais positivos do café e isso tem contribuído para estimular o consumo dentro e fora do lar. Uma das melhores descrições dessa bebida foi feita por Ernesto Illy: "o *espresso* é uma bebida polifásica, preparada apenas a partir do café torrado e moído e de água, constituído por uma camada de espuma de pequenas bolhas de padrão tigrado sobre uma emulsão de gotinhas de óleo com sólidos e bolhas de gás dispersas".[1]

O café *espresso* é servido em xícaras de 30 mℓ, porém, no Brasil, para se adequar aos padrões nacionais, ele passou a ser servido em xícaras de 50 mℓ. É preparado utilizando a máquina de café *espresso* que mantém a água aquecida para que a percolação ocorra a uma temperatura de 90 °C a 96 °C e sob uma pressão de 8,5 bar a 9,5 bar. Os grãos devem ser moídos na hora e compactados com uma força de 15 a 20 quilos. A pressão exercida pela força da água é uma das responsáveis pela extração de todos os aromas e sabores contidos naqueles grãos.

As funções do barista e o *espresso* perfeito é o assunto que deu origem a este livro, então vamos a ele!

Regras de higiene e apresentação pessoal

O barista manipula alimentos e bebidas, sendo indispensável que o profissional possua uma perfeita higiene e apresentação pessoal, pois o risco de contaminação é muito grande. Alguns cuidados são necessários:

- MANTER OS CABELOS LIMPOS E PROTEGIDOS: é recomendável manter os cabelos presos, mas em virtude de o barista trabalhar sempre em contato como o cliente, faça uso de lenços e outros acessórios que não agridam o visual.
- FAZER A BARBA DIARIAMENTE: dependendo do local de trabalho, uma barba bem aparada pode ser aceita.
- MANTER UNHAS LIMPAS, CURTAS E SEM ESMALTE: é primordial para quem trabalha com alimentos a limpeza das unhas. O barista manipula o café e as louças que serão usadas pelos clientes.
- LAVAR SEMPRE AS MÃOS: as mãos são um veículo de contaminação e por isso devem ser lavadas com produtos bactericidas. É necessária uma pia para lavagem das mãos no local de trabalho, separadamente da pia em que se lavam as xícaras. Esse procedimento é obrigatório pela legislação sanitária.
- NÃO ENXUGAR O ROSTO COM O GUARDANAPO DE SERVIÇO: tenha um guardanapo ou lenço de papel descartável para enxugar o suor do rosto, lembre-se de lavar as mãos após seu uso.
- USAR SAPATOS DE SOLA DE BORRACHA E CONFORTÁVEIS: a função requer que o barista trabalhe em pé por 8 horas ou até

---

1 Ernesto Illy (1925-2008): revolucionou a cultura do café do Brasil e do mundo; procurando incansavelmente o *espresso* perfeito, incentivou a produção de café de excelente qualidade e o constante investimento na pesquisa. A empresa foi fundada por seu pai, Francesco Illy, em 1933, para produção e venda de café. Hoje o Café Illy é comercializado em 140 países e o atual presidente é seu filho Andrea Illy e funciona em Trieste, na Itália.

10 horas seguidas em alguns casos. Pense no conforto das pernas e dos pés.

- **MANTER OS UNIFORMES SEMPRE LIMPOS E BEM PASSADOS:** isso transmite a imagem de higiene e organização.
- **VESTIR O UNIFORME SOMENTE NO LOCAL DE TRABALHO:** o uniforme deve ser usado somente no desempenho das funções e deve ser trocado diariamente, pois o tecido também é veículo de contaminação.
- **NÃO USAR PERFUMES FORTES, APENAS DESODORANTES INODOROS:** o uso de qualquer perfume poderá afetar o odor dos alimentos manipulados, e no caso do café mais ainda. O cliente deverá perceber somente o cheiro do café, e isso vale também para produtos de limpeza de utensílios e do local.
- **NÃO USAR JOIAS OU ADEREÇOS:** além de não serem higiênicos, podem se perder dentro dos alimentos. Se for fazer uso de brincos, devem ser discretos e pequenos. Anéis e pulseiras não são permitidos para quem manipula alimentos, pois acumulam resíduos e tornam-se focos de bactérias.
- **NÃO COMER, BEBER OU FUMAR DURANTE O TRABALHO:** quem é fumante, deve tomar um cuidado maior com o cheiro de cigarro que fica nas mãos e na roupa. Lave muito bem as mãos após fumar.

Utensílios necessários ao barista

Como em todo tipo de trabalho, há utensílios que são indispensáveis para o profissional exercer sua função. Se voltarmos no tempo, em 2001, quando ouvimos falar pela primeira vez sobre barista, todos os utensílios eram importados, em sua maioria dos Estados Unidos. Era raro encontrar uma cafeteria que possuísse *tamper*.[2] Utilizavam-se os compactadores presos ao moinho.

Hoje é possível comprar *tamper* fabricados aqui no Brasil. Alguns utensílios ainda são importados, mas com preços muito mais acessíveis.

Conheça os utensílios necessários ao barista:

- *TAMPER*: compactador manual com diâmetros que variam de 53 mm a 58 mm. O ideal é que o barista possua o cabo e as bases com diâmetros variados para a troca.

---

2 Compactador manual para exercer a força necessária na compactação do pó.

- COPOS DOSADORES: duas unidades para verificação da extração do café e também para verificar se a compactação não está torta.

- PINCÉIS: duas unidades, uma para a limpeza do moinho e outra para a limpeza dos resíduos de café no balcão.

- CRONÔMETRO: para verificar o tempo correto da extração.

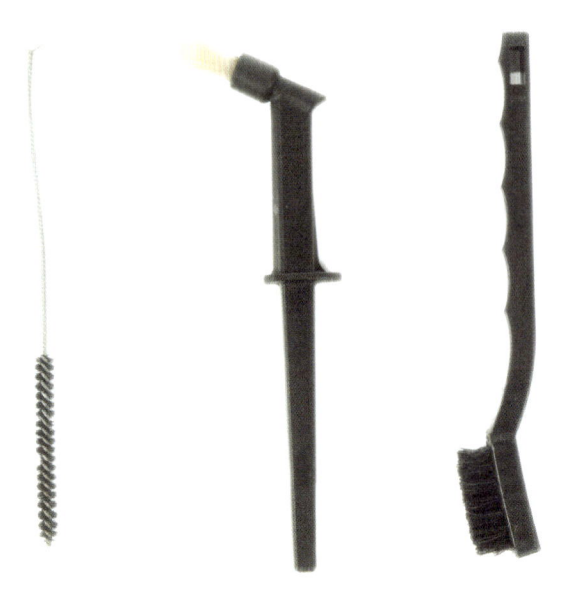

- ESCOVAS DE LIMPEZA: três modelos diferentes: um para a limpeza da borracha do grupo, um para a limpeza do grupo e um para a limpeza dos bicos do porta-filtro.

- PANOS DESCARTÁVEIS OU TOALHAS: no mínimo três unidades, sendo uma somente para enxugar o porta-filtro (esta deverá estar sempre seca), outra para limpar o bico vaporizador (esta deverá manter-se úmida) e a terceira para limpar a grade da máquina ou o fundo das xícaras antes de colocá-las nos pires. Há ainda a necessidade de um quarto pano para limpeza do balcão. Cada pano tem sua utilidade, jamais misture os panos.

- BORRACHA DE APOIO: manta grossa de borracha de aproximadamente 15 cm × 17 cm para apoio do porta-filtro.

- *PITCHER*: leiteira para vaporização do leite.

- POLVILHADOR: para bebidas que utilizem canela ou chocolate em pó.

- TERMÔMETRO: para verificar a temperatura do leite.

- **XÍCARAS:** Existem diversos modelos de xícaras no mercado, mas as melhores ainda são as de porcelana porque resistem bem ao calor e às quebras. As xícaras de fundo arredondado são as mais usadas porque facilitam a formação da crema. Elas possuem dois tamanhos padrão: de 60 ml a 90 ml e de 150 ml a 180 ml e devem ter asa.

Rotina do serviço de cafés

No setor de serviços, a atividade diária torna-se uma rotina repetitiva e muitas vezes alguns itens podem ser esquecidos. No entanto, é de extrema importância para um bom atendimento que:

- o barista esteja sempre atento para que não faltem xícaras quentes e secas;
- os pires estejam sempre secos e limpos;
- as colheres ou mexedores sejam posicionados do lado certo da xícara, respeitando o padrão da casa;
- a logomarca das xícaras esteja virada sempre para o cliente;
- se for o padrão da casa, o barista sirva água com gás;
- os *petit four*, quando servidos juntamente com a xícara de café ou leite não estejam molhados ou amontoados;
- o *espresso* NUNCA seja entregue em uma xícara suja, respingada ou com um pires sujo;
- o *espresso* NUNCA seja entregue com o creme aberto;
- se o café, ou o leite, foi preparado incorretamente, é melhor descartá-lo do que servir um produto ruim;
- o barista trabalhe com seriedade e profissionalismo, itens que fazem a diferença sempre – as improvisações afetam a imagem do estabelecimento;
- o barista esteja atento ao pedido do cliente. Isso é fundamental para o bom desempenho da função;
- o barista esteja sempre atento para que a máquina de café e o moinho sejam limpos diariamente ao final da operação da casa.

O principal instrumento do barista: a máquina de café *espresso*

O principal equipamento para a extração do café *espresso* é a máquina de café.[3] Os italianos dizem que, para o preparo do café, são necessários OS CINCO EMES:

1. MÁQUINA: equipamento que tenha constante temperatura e pressão;
2. MOINHO: equipamento para moagem dos grãos de café;
3. MICHELA: *blend*, mistura dos grãos;
4. MÃO DE OBRA: o barista;
5. MANUTENÇÃO: tanto máquina como moinho precisam de manutenção, na forma da limpeza diária e na manutenção do equipamento.

O equipamento utilizado pode ser um dos modelos manuais, em que a pressão da água se forma por meio do pistão de acionamento manual; semi-automáticos, com controle de extração acionado por botão liga/desliga; automáticos, que

---

[3] O modelo como conhecemos hoje foi inventado na Itália em 1948 por Achille Gaggia.

permitem o controle da quantidade de água e se desligam automaticamente no tempo de extração programado; e superautomáticos, que moem o grão, dosam sua quantidade e a água. Algumas até preparam *cappuccinos* com leite vaporizado – nesse caso a interferência do barista é mínima – com tamanhos correspondentes à quantidade de bebidas que se quer produzir, usando como referência o grupo de extração.

As máquinas de grupo – nome dado às máquinas que possuem porta-filtro para dosagem de café, seja em pó ou em sachê – são as mais utilizadas. Existem máquinas de um grupo, dois grupos, três grupos e quatro grupos.

Na maioria dos modelos de máquina de um grupo, é necessária a alimentação manual de água. A cafeteira deve possuir o bico para água do chá, o grupo para café – com o porta-filtro de um café e o de dois cafés –, o bico vaporizador para o leite e o aquecedor de xícaras em cima da máquina.

Já nas máquinas de dois e três grupos, a diferença básica está no bico vaporizador. A maioria dos modelos possuem dois bicos de vaporização de leite. Por causa do tamanho da caldeira que aquece a água, as máquinas de dois e três grupos são mais eficientes com relação a quantidade de cafés tirados.

Há no mercado brasileiro diversas empresas que importam máquinas, em sua maioria italianas, e algumas empresas estão produzindo máquinas de café aqui no Brasil.

Independentemente da marca da máquina de café, os sistemas de extração são muito parecidos, mas existem alguns fatores importantes na escolha do equipamento que podem comprometer a operação e, consequentemente, a qualidade da bebida:

- ASSISTÊNCIA TÉCNICA: é fundamental, pois mesmo que o equipamento não quebre, sempre haverá o desgaste de alguma peça e a necessidade de manutenção preventiva. As melhores empresas do mercado possuem assistência técnica 24 horas.
- TEMPERATURA CONSTANTE: liberar água para o café a uma temperatura constante, não importando o volume de café que será servido e manter essa temperatura estável durante a extração de café.
- CICLO DE PRÉ-INFUSÃO: é a primeira água que molha o café compactado no porta-filtro, para facilitar a extração. A água é bombeada e após um ou dois segundos a bomba é ativada novamente e a extração é iniciada.
- PRESSÃO CONSTANTE: a força com que a água passa pelo café compactado no porta-filtro deverá ser constante, para a obtenção do máximo de cada café. Qualquer variação na pressão da máquina afetará a qualidade da bebida.
- AQUECIMENTO DE XÍCARAS: localizado na parte superior da máquina, muitos modelos possuem sistema de aquecimento

Máquinas de *espresso*.

com resistência elétrica acionada manualmente. Há modelos que não possuem esse sistema e as xícaras são aquecidas pelo calor que emana da caldeira interna da máquina. Importante observar que uma xícara quente demais poderá queimar a bebida depois de extraída ou até durante a extração e, em uma xícara morna, a bebida perderá temperatura e até, em alguns casos, será alterada a coloração da crema do *espresso*. A temperatura ideal da xícara de café é sentida pelo toque, que deve ser suportável de 2 a 3 segundos, sem causar desconforto.

O moinho, o coração do café *espresso*

Ao adquirir uma máquina de café, o moinho deve acompanhá-la. Basicamente, temos dois modelos no mercado: moinhos dosadores com recipiente para armazenagem de pó de café e moinhos eletrônicos, que moem somente a quantidade exata para o preparo de um ou dois cafés.

Relembrando que o café recém-moído libera seus melhores aromas, mas também oxida com muita facilidade, então é importantíssimo que o barista trabalhe moendo somente a quantidade de grãos para a dose solicitada, mesmo quando o equipamento tem um recipiente para armazenagem de pó.

A regulagem da granulometria, ou seja, a espessura da moagem deve ser feita todos os dias e em algumas vezes até mais de uma vez ao dia. O café possui propriedade higroscópica, isso quer dizer que ele absorve a umidade relativa do ar. Não é tão visível como o que acontece com sal de cozinha, mas é sentida no momento da moagem. O tempo da extração estabelecido e o período da pré-infusão serão descritos no *espresso* passo a passo.

Modelos de moinhos.

CAPÍTULO 6
Técnicas de barista

CONCETTA MARCELINA

O *espresso* passo a passo

1 Primeiramente, certifique-se de que a máquina de *espresso* esteja ligada e aquecida – a temperatura da água deverá estar entre 90 °C e 96 °C – e que a pressão esteja entre 8,5 bar e 9,5 bar. As xícaras de café e de *cappuccino* devem estar aquecidas, para que a bebida não perca temperatura.

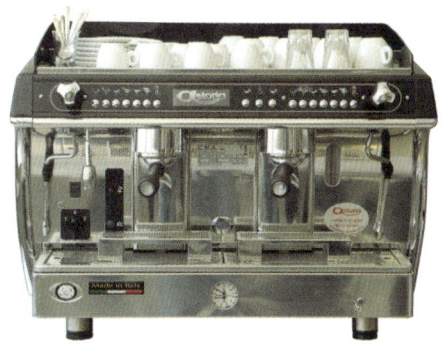

Máquina preparada.

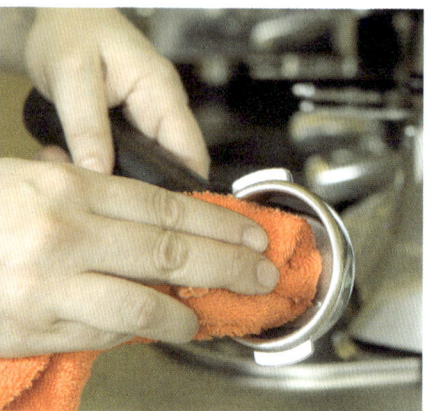

Porta-filtro de café.

2 Retire o porta-filtro de café, bata a borra do café anterior, limpe e seque o porta-filtro com um pano seco.

3 Ligue o moinho e retire a quantidade de pó para um café – em torno de 7 a 9 gramas para porta-filtro simples, ou de 14 a 18 gramas para porta-filtro duplo.

Moinho com armazenamento de pó.

Moinho dosador.

4 Nivele o pó, distribuindo-o uniformemente no porta-filtro sem pressioná-lo. Se necessário, devolva o excedente de pó para dentro do recipiente de armazenar pó do moinho.

Moinho dosador.

ATENÇÃO PARA O DESPERDÍCIO DE CAFÉ.

129

5 Apoie o porta-filtro na borracha, com o cabo paralelo ao seu corpo. Com o *tamper*, compacte levemente o pó com uma força aproximada de 2 quilos.

ATENÇÃO
PARA A FORMA CORRETA DE SEGURAR O *TAMPER*.

6 Um pouco de café deve ficar nas laterais do porta-filtro. Bata levemente com o cabo do *tamper* para que o pó se solte.

ATENÇÃO
CUIDADO PARA NÃO BATER MUITO FORTE E QUEBRAR A COMPACTAÇÃO QUE ACABOU DE SER FEITA.

7 Apoie novamente o porta-filtro e compacte mais uma vez, agora exercendo uma força de aproximadamente 15 a 20 quilos e gire o *tamper* para polir a superfície do café compactado.

ATENÇÃO
CUIDADO PARA NÃO ENTORTAR A COMPACTAÇÃO, POIS A ÁGUA BUSCA O CAMINHO DE MENOR RESISTÊNCIA E A EXTRAÇÃO VAI FICAR COMPROMETIDA.

Compactação correta.

Compactação incorreta.

8 Vire o porta-filtro para retirar os grãos de café que não ficaram aderidos. Passe a mão pela borda do porta-filtro e limpe o bico de saída do café.

> **ATENÇÃO**
> FAÇA ISSO RAPIDAMENTE, EM APROXIMADAMENTE 30 SEGUNDOS PARA QUE O PORTA-FILTRO NÃO PERCA TEMPERATURA E TAMBÉM PARA QUE O CAFÉ MOÍDO NÃO SEJA QUEIMADO.

9 Ainda sem instalar o porta-filtro na máquina, dê um *flush* – descarga – e ligue o grupo rapidamente para que a água limpe os resíduos do café extraído anteriormente.

Flush.

10 Instale o porta-filtro e ligue imediatamente a água do grupo. O barista terá de 3 a 4 segundos para colocar as xícaras sob o bico de saída – é o tempo que a água leva para encharcar todo o "bolo" de café comprimido e dar início à extração da bebida. O nome dado a esse processo é ciclo de pré-infusão. Se estiver utilizando um porta-filtro simples de um café, o ciclo completo da pré-infusão é de aproximadamente 2 a 3 segundos.

Shot.

11 Continue a contagem da extração do *espresso*. Depois de 20 a 30 segundos, terá sido extraído o equivalente a 30 mℓ de bebida, um café curto – nos campeonatos de barista é considerada a medida de 25 mℓ a 35 mℓ de bebida com a crema.

Shot.

40 ml

20 ml

IDENTIFICANDO O *ESPRESSO* PERFEITO

O café *espresso* é uma bebida de aproximadamente 30 ml preparada com 7 a 9 gramas de café e água pura, a uma temperatura entre 90 °C e 96 °C pressurizada de 8,5 a 9,5 atmosferas de pressão. A mistura deve fluir entre 20 e 30 segundos, com a aparência de mel quente, resultando em uma bebida com um creme espesso e dourado escuro. Essa é a definição da bebida perfeita e existem vários fatores que atrapalham sua confecção:

- O frescor do café utilizado: conservar hermeticamente fechado (eliminando o ar) o pacote de café que está sendo utilizado e armazenar os pacotes fechados em um local com temperatura amena.
- Equipamento sem precisão de temperatura e pressão: a verificação deverá ser constante e qualquer variação deve ser comunicada à assistência técnica do equipamento.
- Torra incorreta: se, ao abrir um pacote de café, os grãos estiverem com a aparência de úmidos, vertendo óleos em sua superfície, há uma grande chance de ter havido algum problema durante a torra e o café estar oxidando rapidamente. O barista também deve ficar atento ao cheiro, pois o café possui aroma agradável e não cheiros estranhos como ranço, borracha queimada, ou até podre. Se isso ocorrer, comunique ao fornecedor.
- Limpeza do equipamento: ao final da operação, todos os dias, o barista deve fazer a limpeza da máquina.
- Cuidados com os grãos: o café não deve ficar no moinho.

E outros fatores que estão ligados à habilidade do profissional:
- dosagem correta;
- compactação correta;
- espessura da moagem.

Vamos agora identificar alguns problemas que podem ocorrer durante a extração do café:

Café superextraído

Ocorre quando, durante a pré-infusão do café, a água demora muito tempo para encharcar o "bolo" de pó compactado. Por essa razão, demorará mais que 30 segundos para se obter 30 ml de líquido. Por causa do tempo maior de contato da água com o pó, o resultado é uma bebida com sabor de queimado, mais amarga e com a cor da *crema* escura, tendendo à preta.

Causas da bebida superextraída:
- muito pó no porta-filtro;
- pó muito compactado;
- pó muito fino: regular o moinho para encontra granulometria correta.

Extração de café incorreta: bebida superextraída.

Extração de café incorreta: bebida subextraída.

Café subextraído

Ocorre quando, durante a pré-infusão, a água passa rápido demais pelo "bolo" de pó compactado, extraindo mais de 30 ml de bebida em menos de 20 segundos. Como a água não ficou tempo necessário em contato com os grãos moídos, ela não extraiu as propriedades do café e o resultado é uma bebida sem gosto, aguada, sem nenhum corpo ou permanência na boca e a *crema* de cor bege clara, rala e muitas vezes com manchas brancas.

Causas da bebida subextraída:
- pouco pó no porta-filtro;
- pó mal compactado ou "bolo" rachado;
- pó muito grosso: regular o moinho para encontrar a granulometria correta.

Leite

Em todas as cafeterias, independentemente da estação do ano, as bebidas com leite vaporizado misturado ao café são apreciadas pelos clientes e é tarefa do barista realizar corretamente essa vaporização. O leite, se bem vaporizado, apresenta uma textura cremosa, brilhante e aveludada, com sabor doce. Ao preparar bebidas com café haverá a harmonização entre o sabor deste e a doçura do leite, sua cremosidade e a permanência do creme até o do último gole do cliente. Por isso, é fundamental utilizar a técnica correta para evitar que o leite ferva ou crie bolhas de ar grandes que rapidamente irão desaparecer.

ESCOLHENDO O LEITE

No preparo das bebidas com leite vaporizado, a escolha do leite é fundamental. O melhor leite para vaporizar é o integral, mas a técnica de vaporização pode ser aplicada também em outros tipos de leite, como leite semidesnatado, com baixo teor de gordura, e o leite desnatado, sem gordura. Pode-se vaporizar também leite de cabra, mas seu sabor é bem acentuado. A escolha pelo leite integral acontece porque a proteína e a gordura presentes possuem propriedades que estabilizam o processo de aeração e mantêm o creme por mais tempo. Além disso, a lactose presente no leite é um tipo de glicídio, ou seja, açúcar, e, quando aquecida, torna-se mais perceptível ao paladar. Já a vaporização do leite de soja, de castanha-do-pará ou de arroz também pode ser feita, mas o creme é de curta duração. É importante que o leite escolhido esteja bem gelado, porém sem congelamento.

ESCOLHENDO A *PITCHER*

Pitcher, ou jarra em inglês, é o nome dado ao utensílio onde o leite é vaporizado. O tamanho depende da quantidade de leite que se quer vaporizar, já que o leite aquecido será aerado e dobrará de volume. O material mais indicado é o aço inox, por ser mais fácil de higienizar e também porque torna fácil a percepção do calor. A *pitcher* não tem tampa. Um termômetro de alimentos também é utilizado durante o treinamento para evitar que o leite aqueça demais e ferva, mas com a prática o barista não precisará utilizá-lo.

VAPORIZANDO O LEITE PASSO A PASSO

1 Coloque o leite gelado na *pitcher* até a metade.

Pitcher com o leite.

ATENÇÃO
MANTENHA A *PITCHER* LIMPA E BEM GELADA.

2 Dê um *flush* no bico de vaporização para que a água condensada saia e não interfira na preparação do leite. Limpe o bico de vaporização com um pano úmido exclusivo para o leite.

3 Segurando a *pitcher* pela alça, introduza o bico vaporizador na superfície do leite, cuidando para que todos os furos do bico estejam mergulhados no leite. Mantenha a *pitcher* e a haste retas. Imagine que a *pitcher* está dividida em quatro partes, escolha uma das partes para posicionar o bico vaporizador, sem encostá-lo nas laterais da *pitcher* nem no centro.

Posição da *pitcher*.

4 Abra a válvula de vapor o suficiente para que o leite comece a rodar.

O leite irá rodar, formando um redemoinho, e a *pitcher* se aquecerá lentamente. Nesse momento, abaixe a *pitcher* gradativamente conforme o volume do leite aumenta até dobrar. Nesse processo, o som da vaporização é semelhante a uma panela de pressão quando libera vapor.

ATENÇÃO
FAÇA TESTES PRELIMINARES PARA IDENTIFICAR A POTÊNCIA DA MÁQUINA, LIBERANDO MAIS OU MENOS VAPOR PARA A QUANTIDADE DE LEITE DESEJADA.

SE PERCEBER OUTRO TIPO DE SOM, FECHE IMEDIATAMENTE O BICO VAPORIZADOR, DESPREZE O LEITE E INICIE O PROCESSO NOVAMENTE.

5 Ao observar que o leite dobrou de volume, leve o bico para o fundo da *pitcher*, teste a temperatura com a mão na lateral externa – deve ser suportável, em torno de 65 °C a 70 °C, mas nunca ultrapassar 75 °C –, feche a válvula, retire a *pitcher* do bico vaporizador e limpe-o imediatamente com o pano úmido.

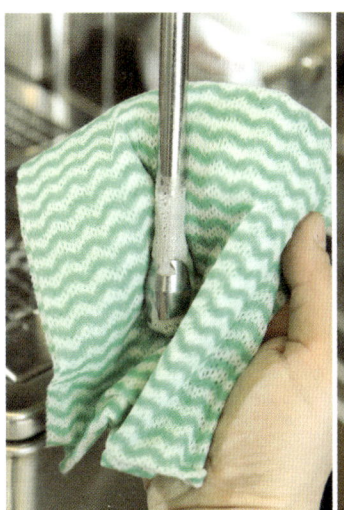

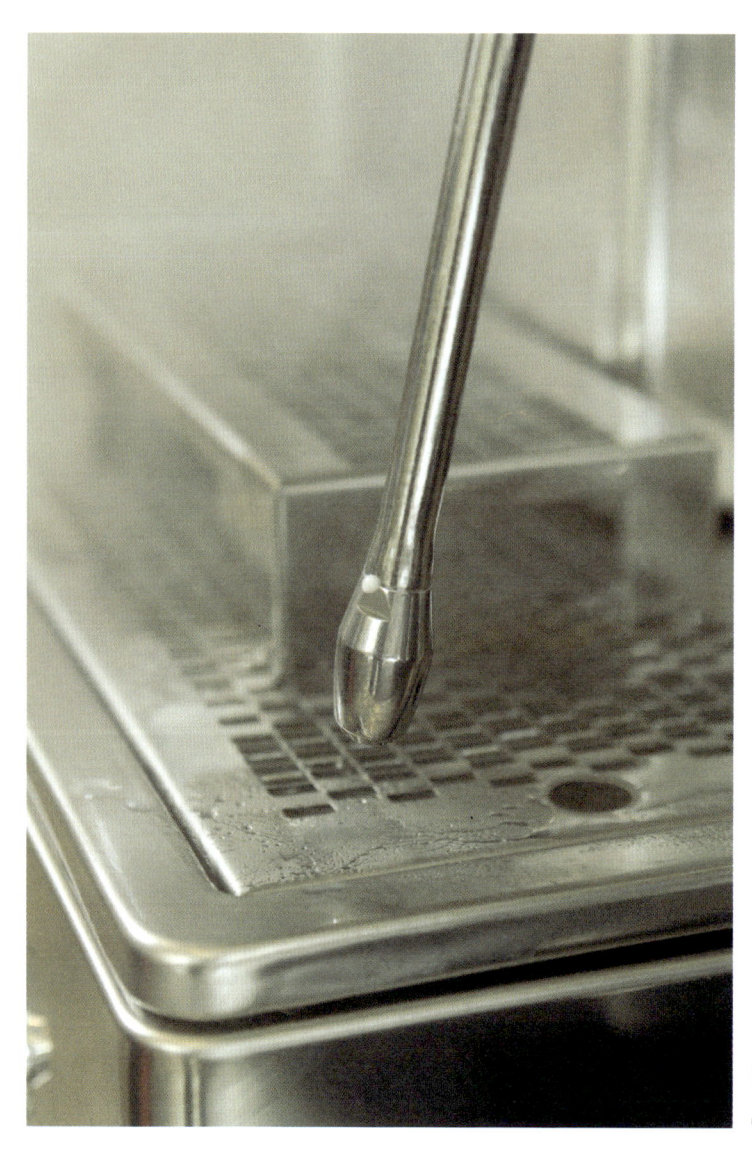

6 Dê um *flush* no bico para que o resíduo de leite saia e limpe novamente o bico.

7 Homogenize o leite que está na *pitcher*, fazendo movimentos laterais, balançando-a levemente de um lado para o outro, e, se necessário, faça também movimentos circulares para desprender qualquer bolha que tenha sido formada.

8 Lembre-se de que a textura de um leite bem vaporizado é sedosa, aveludada e consistente, sem bolhas de ar na superfície. Cuidado sempre para não ferver o leite.

Linguagem das cafeterias

ESPRESSO NORMALE OU LUNGO

É o café *espresso* que o brasileiro está acostumado a tomar. Contém a mesma quantidade de pó para um café curto, porém o tempo de filtragem é maior, levando de 35 a 40 segundos para extrair 50 mℓ de bebida.

ESPRESSO **CURTO**

30 ml de bebida, sendo o tempo de filtragem aproximadamente de 20 a 30 segundos.

ESPRESSO RISTRETO

15 ml de bebida que deverá fluir por cerca de 10 segundos. É chamada pelos italianos de "o néctar do café".

ESPRESSO CARIOCA

Acrescenta-se aproximadamente 10 mℓ a 15 mℓ de água quente na xícara e, sobre ela, extrai-se o *espresso* curto. É uma bebida ligeiramente mais fraca, mas mantém a *crema* do café.

ESPRESSO DÓPPIO

Em uma xícara de 150 mℓ, são extraídos dois *espressos*. A variação poderá ser de curto a *normale*. Deverá ser utilizado o porta-filtro duplo para extração de dois cafés ao mesmo tempo.

ESPRESSO CORRETO

Bebida típica italiana: em uma xícara, acrescente aproximadamente 10 ml a 15 ml de Grappa – um destilado do bagaço da uva – e, sobre ele, é extraído um *espresso* curto.

ESPRESSO ROMANO

Em uma xícara, o *espresso* é extraído e servido com um fatia da casca de limão. Utilizando o limão siciliano, a bebida fica bem suave e perfumada.

ESPRESSO CON PANNA

O *espresso* é servido em uma xícara com creme de leite batido. Se preferir, acrescente açúcar e obtenha chantili.

MACCHIATO

O *espresso* é extraído e "manchado" com o leite vaporizado.

CAFÉ LATTE

O *espresso* é extraído em uma xícara de chá ou um copo transparente, completada com leite vaporizado que se deposita em uma fina camada de creme.

LATTE MACCHIATO

Em um copo ou taça transparente, coloca-se o leite vaporizado que será "manchado" com o café *espresso* extraído e derrubado lentamente no copo.

CAPPUCCINO

O café *espresso* é extraído em uma xícara de chá. Depois, completar o conteúdo com leite vaporizado, deixando uma camada bem grossa do leite, de aproximadamente 1 cm.

MOCHA

Coloca-se calda de chocolate no fundo de uma xícara de chá ou copo transparente. Sobre ela, é extraído o café *espresso*. Por fim, completa-se a xícara com o leite vaporizado, deixando uma camada do creme do leite que será decorado com calda de chocolate.

Limpeza

Além do preparo de café, leite vaporizado e bebidas com café e leite, também faz parte da rotina de trabalho do barista a limpeza dos equipamentos, dos utensílios e da louça utilizada. O local de trabalho deve sempre estar em ordem, limpo e organizado. Durante a operação, é comum a lavagem da louça e dos utensílios, seja em máquinas próprias ou à mão. Mantenha sempre um detergente neutro e uma esponja única para essa função, evitando que ela se contamine com outras sujidades. Não deixe louça acumulada na pia e retire sempre a borra da caixa de descarte ao longo do dia para evitar que fique muito cheia.

LIMPEZA DIÁRIA DO MOINHO

- Feche o compartimento da cúpula do moinho. Retire a cúpula com o café em grão que sobrou e guarde-o novamente na embalagem;
- feche bem a embalagem, retirando todo o ar;
- termine de moer o resto de café que permaneceu na mó. Toda a sobra de pó deve ser descartada;
- com um pincel próprio, escove a parte interna e externa para a remoção de todos os resíduos;
- limpe a cúpula uma vez por semana com água e sabão neutro.

LIMPEZA DIÁRIA DA MÁQUINA DE CAFÉ

- Retire os porta-filtros e bata a borra do café;
- com o auxílio do filtro-cego – peneira sem furos fornecida com a máquina de café –, retire as peneiras dos filtros e lave com água e sabão neutro. Deixe de molho em solução de sabão apropriado para a limpeza da máquina de um dia para outro;
- limpe os grupos da máquina utilizando o filtro cego: coloque-o em um dos porta-filtros, adicione uma colher de detergente apropriado para máquina de *espresso*, coloque no grupo e ligue a água por 20 segundos. Desligue e aguarde 5 segundos. Ligue novamente por 5 segundos e mais quatro vezes de 5 segundos. Depois, retire o porta-filtro e ligue novamente a água do grupo. Insira o porta-filtro com movimentos de abre e fecha para que a água seja forçada através da borracha do grupo e efetue o enxague;
- com a água ligada, esfregue com a escova curva a borracha de todos os grupos;
- depois, ainda com a água ligada, com a escova dura escove as cabeças de todos os grupos;
- retire, para limpeza, a grade e a bandeja de apoio;
- com um pano embebido em álcool 70° limpe todas as partes da máquina e com outro pano seco dê o polimento;
- desligue a máquina e retire todo o vapor da caldeira, abrindo os bicos de vaporização.

ATENÇÃO
SE NÃO TIVER O DETERGENTE DISPONÍVEL, FAÇA A MESMA OPERAÇÃO SOMENTE COM A ÁGUA DA MÁQUINA.

Glossário

- **ABANAÇÃO:** operação manual ou mecânica realizada com a finalidade de separar as impurezas leves (folhas, gravetos e outras impurezas) dos frutos. A abanação manual é realizada ainda na lavoura com o uso de peneiras. A abanação mecânica é realizada por abanadores móveis ou estacionários, podendo ser tanto por sucção como por insuflação de uma corrente de ar gerada por um ventilador. Em alguns casos, a abanação pode ocorrer simultaneamente com a colheita mecanizada quando as colhedoras possuem um sistema de ventilação adequado para essa finalidade ou por equipamentos localizados logo abaixo da moega de recepção.

- **ADENSAMENTO:** sistema de plantio de cafeeiros, compreendendo o uso de espaçamentos menores que resultam em uma população variando de 5 a 10 mil plantas por hectare, quatro a cinco vezes maiores do que no sistema normalmente utilizado. Ainda não há consenso entre os técnicos quanto às denominações dos sistemas de plantio adensado; é comum, contudo, empregar a expressão semiadensado para os sistemas com 3.000 a 5.000 plantas por hectare; adensado para populações entre 5.000 e 10.000 plantas e superadensado para os sistemas com 10.000 e 20.000 plantas por hectare.

- **ADSTRINGÊNCIA:** adstringência do café como bebida: palavra derivada do latim (*adstringere* = apartar, estreitar, prender), relacionada à propriedade que algumas substâncias fenólicas (taninos) apresentam ao se complexarem com as proteínas do epitélio mucoso, precipitando-as e causando a sensação de adstringência desagradável na boca. No café é detectada nos testes sensoriais e atribuídas à presença de grãos derivados de frutos verdes com reflexos negativos na classificação do produto.

- **ADUBAÇÃO:** prática de adição ao solo de substâncias, produtos ou organismos que contenham elementos essenciais ao crescimento das plantas cultivadas.

- **ADUBAÇÃO FOLIAR:** prática auxiliar que complementa a adubação via solo, só devendo ser empregada em condições específicas, como suprimento temporário em cafeeiros. Em solos argilosos, é usada principalmente para aplicação (incorporação) de zinco, cobre e manganês. No caso de micronutrientes, deve ser analisada a viabilidade econômica pela associação com a aplicação de defensivos.

- **ADUBAÇÃO ORGÂNICA:** prática que consiste em se adicionar ao solo materiais orgânicos, como esterco, urina e restos de animais, palhas, lixo, serragem, restos de culturas, cama de estábulos ou galinheiros, bagaços, turfas, adubos comerciais (farinha de ossos, de carne) e adubos verdes.

- **ADUBO ORGÂNICO:** adubo ou fertilizante orgânico é todo produto de origem vegetal ou animal que, aplicado ao solo em quantidades, épocas e maneiras adequadas proporciona melhorias de suas qualidades físicas, químicas, físico-químicas e biológicas, fornecendo nutrientes suficientes para produzir colheitas compensadoras, sem causar danos ao solo, à planta ou ao ambiente.
- **AGREGAR VALOR:** processo pelo qual um material sofre uma transformação que lhe dá características favoráveis do ponto de vista econômico e/ou social e/ou ambiental.
- **AGRONEGÓCIO CAFÉ:** termo utilizado para designar o movimento comercial gerado em todo o complexo da cadeia do café desde a indústria de insumos até o consumo final. O agronegócio café é composto por atividades produtivas que envolvem os produtores de insumos, os trabalhadores rurais e suas famílias, os produtos rurais, os maquinistas do benefício e rebenefício, os corretores, as cooperativas e as associações de cafeicultores, as indústrias de torrefação e moagem, as indústrias de solúvel, os exportadores, os atacadistas e os consumidores finais.
- **AMOSTRA DE CAFÉ:** porção de café utilizada para fins de pesquisa (análise de OTA, fungos) ou para classificação com fim de comercialização.
- **ANO SAFRA:** período de doze meses envolvendo um ciclo vegetativo e reprodutivo do café que culmina com a colheita.
- **AROMA:** percepção olfativa causada pelos gases liberados do café torrado e moído, após preparação da infusão, conforme os compostos aromáticos são inalados pelo nariz. Também são os elementos perceptíveis pelo olfato. Os aromas podem ser: frutado, florado, achocolatado, semelhante ao pão torrado e outros, podendo variar de suaves a intensos. Bons cafés têm aromas desejáveis pronunciados. O conjunto de aroma e gosto confere o sabor ao café. O café tem grande capacidade em absorver aromas indesejáveis como perfume, sabonetes, etc.
- **AUTOFECUNDAÇÃO:** fenômeno de fecundação do óvulo pelo grão de pólen da mesma flor. É observado em aproximadamente 99% das flores da espécie *Coffea arabica* L., não tendo sido notados efeitos desfavoráveis em consequência dessas sucessivas autofecundações. Todas as demais espécies são autoestéreis e têm fecundação cruzada.
- **BENEFÍCIO OU BENEFICIAMENTO:** processo de remoção da casca e do pergaminho dos frutos secos, limpeza e classificação simples do café, realizado normalmente em cooperativas, armazéns, unidades móveis ou nas propriedades.
- **BICA-CORRIDA OU CAFÉ BICA-CORRIDA:** diz-se do café que após o beneficiamento não sofreu nenhum tipo de separação em peneiras ou por defeitos.
- **BIENALIDADE, CICLO BIENAL:** diz-se da característica apresentada pelos cafeeiros de

apresentar ciclos que se repetem, de um ano de boa produção a um ano subsequente de baixa produção. A natureza fisiológica da bienalidade da produção do cafeeiro pode ser aplicada pela concorrência entre as funções vegetativas e reprodutivas. Nos anos de grande produção, o crescimento dos frutos absorve a maior parte da atividade metabólica da planta, reduzindo o desenvolvimento vegetativo. Como no cafeeiro arábica, o fruto se desenvolve nas partes novas dos ramos do ano anterior; há, consequentemente, produção menor.

- **BLEND:** em inglês, quer dizer mistura. É uma palavra muito utilizada no mundo dos cafés. É possível criar diversas combinações utilizando a matéria-prima café: pode-se criar um *blend* de café usando duas espécies; usando uma mesma espécie, mas diversas variedades; usando uma ou mais formas de processamento; usando diversos pontos de torra; usando diversos tipos de café classificado; etc. As combinações são inúmeras e cabe a um exímio degustador chegar ao produto final e garantir que a qualidade desejada seja perpetuada mesmo com as variações da lavoura de café.
- **CAFÉ DE ORIGEM:** relaciona-se às regiões de origem dos plantios, uma vez que alguns dos atributos de qualidade do produto são inerentes à região onde a planta é cultivada. O monitoramento da produção é necessário para a rotulagem do café segundo a sua origem. Também é o café que apresenta elevada qualidade que pode ser atribuída a características peculiares de seu local de origem. Tal superioridade pode se dar em consequência da altitude, variedade, práticas culturais ou práticas especiais de processamento.
- **CAFÉ DE ORIGEM CERTIFICADA:** café cuja origem é reconhecida por meio de certificações. A origem do café (país, região ou estado) pode ser uma informação que agrega valor ao produto café. A questão da origem é de particular interesse, não só para o bem-estar do consumidor como também porque permite rastrear melhor a cadeia do produto e, ao mesmo tempo, resolver parte das preocupações com a segurança alimentar. Informações desse tipo também permitem respeitar e apoiar com maior congruência às normas de origem, que são uma parte essencial dos acordos de livre comércio.
- **CAFÉ SOLÚVEL EM PÓ:** produto obtido por meio do processo no qual a bebida de café é pulverizada em atmosfera aquecida, para, por meio da evaporação da água, formar partículas secas.
- **CAFÉ SOLÚVEL GRANULADO OU AGLOMERADO:** produto obtido quando as partículas de café solúvel são fundidas no processo de industrialização para formar partículas maiores (grânulos).
- **CAFÉ SOLÚVEL LIOFILIZADO:** produto obtido por processamento no qual o café no estado líquido é congelado e a água é removida por sublimação, formando partículas secas de formatos irregulares.

- **CAFÉ SOLÚVEL, INSTANTÂNEO:** café obtido pelo processo de extração de sólidos solúveis e compostos voláteis por meio do café torrado e moído. O processo envolve baterias de percolação, onde o café torrado e moído é colocado em colunas estáticas paralelas e um fluxo de água quente passa extraindo os sólidos solúveis. A água entra em contato com o café à temperatura de 100 °C, embora a temperatura de alimentação da água no sistema alcance 180 °C. O objetivo é obter de 15% a 25% de sólidos solúveis que serão secos em atomizadores ou liofilizadores até a umidade final de café solúvel, isto é, entre 2% e 5%. Também designado como café instantâneo, os grânulos de café preparados industrialmente são simplesmente dissolvidos diretamente em água fervente.
- **CAFÉ SUPERIOR:** café torrado e moído segundo a classificação Abic com maior qualidade e maior valor agregado. É produzido com grãos arábica e conilon, de boa qualidade, combinados com melhor técnica de industrialização. Tem sabor mais refinado, aroma agradável e gosto persistente na boca. Suas embalagens podem ser do tipo almofada, a vácuo ou com válvula aromática. Também são os produtos de qualidade reconhecidamente boa, acessíveis aos consumidores que a valorizam e que mantêm sua fidelidade à bebida. Esses tipos de café devem ser embalados a vácuo ou com atmosfera inerte ou com válvula aromática.
- **CAFÉ TRADICIONAL:** são os cafés torrados e moídos denominados, segundo a Abic, como café do dia a dia. Eles têm qualidade recomendável e um custo mais acessível. Geralmente combinam os grãos das espécies arábica e conilon. Tem sabor intenso e atendem ao gosto do brasileiro. Suas embalagens podem ser almofadas ou a vácuo.
- **CAFEÍNA:** um dos componentes químicos mais populares do café ao qual se atribui diferentes reações sobre o organismo humano. Se ingerida em doses excessivas ou por indivíduos sensíveis, os efeitos podem ser prejudiciais; para estes recomenda-se o consumo do produto descafeinado. Entre as mais de mil substâncias contidas no café, a cafeína é a mais estudada, ocupando entre 1,0% a 2,5% da composição total do grão. Poderoso estimulante do sistema nervoso central, a cafeína reduz a sonolência, a fadiga e favorece a atividade intelectual.
- **CAFÉ ESPECIAL:** os termos "café especial" ou "gourmet" referem-se a grãos de café da mais alta qualidade, torrados de tal forma que expressem seu elevado potencial de qualidade sensorial diante de profissionais treinados e, então, moídos adequadamente de acordo com padrões bem estabelecidos. Além dessas características, os cafés especiais incluem cafés certificados como "conscientes", entre eles o café orgânico, o *fair trade*, os descafeinados, que, além dos atributos físicos, como aroma e sabor, também incorporam preocupações de ordem

ambiental e social. O café especial ou café gourmet são produtos finíssimos, de qualidade muito acima da média, valorizado de acordo com sua escassez, qualidade e marketing. É um produto diferenciado, quase livre de defeitos.

- **CAFÉ GOURMET:** café de alta qualidade e exclusivo. Possui sabor mais acentuado, intenso, envolvente aroma e gosto equilibrado e fino. É levemente adocicado e deixa gosto muito agradável e prolongado. É feito, geralmente, com grãos 100% arábica. Tem maior valor e sua embalagem é mais sofisticada, a vácuo, com válvulas aromáticas ou com atmosfera protetora.
- **CAPPUCCINO:** *drink* quente com *espresso* e leite espumante. O estilo europeu de cappuccino pede 1/3 de *espresso*, 1/3 de leite quente, 1/3 de espuma em uma xícara de aproximadamente 141,75 gramas de bebida. Recebe essa denominação com alusão aos monges católicos capuchinos da Itália, que usavam vestes cuja cor parecia com a espuma do drink *espresso*. No Brasil, a bebida com esse nome leva também chocolate em pó.
- **CARAMELIZAÇÃO:** caramelização ou reação de Maillard é uma importante reação que ocorre durante a torração do café, da qual participam os açúcares, sendo responsáveis pela formação da cor, do sabor e do aroma peculiares da bebida.
- **CEREJA DESCASCADO:** café cereja descascado.
- **CEREJA OU FRUTO CEREJA:** termo utilizado para designar o fruto em seu estágio de completa maturação fisiológica, portanto, no ponto ideal para a colheita. O teor de umidade (50% a 70%) e a composição em açúcares de sua polpa colocam-no como fruto, com todas as condições de perecibilidade. No entanto, o processamento do café após a colheita segue as técnicas de outros grãos que são colhidos secos ou quase secos. Algumas cultivares produzem fruto cereja vermelho e outros cereja amarelo.
- **CLASSIFICAÇÃO DO CAFÉ BENEFICIADO GRÃO CRU:** classificação contida no Regulamento Técnico de Identidade e Qualidade para a Classificação do Café Beneficiado Grão Cru, aprovado pela Instrução Normativa nº 8, de 11 de junho de 2003, do Ministério da Agricultura, Pecuária e Abastecimento. Segundo o regulamento, o Café Beneficiado Grão Cru é classificado em categoria, subcategoria, grupo, subgrupo, classe e tipo, segundo a espécie, formato de grão e granulometria, aroma, sabor, a bebida, cor e qualidade, respectivamente.
- **CLASSIFICAÇÃO OFICIAL BRASILEIRA (COB):** no Brasil, em 1949, foi estabelecido o Decreto nº 27.173 que aprovou as especificações e tabelas para classificação e fiscalização do café. De modo semelhante, em março de 1978, a Comissão Nacional de Normas e Padrões para Alimentos aprovou a resolução nº 12 da Anvisa, segundo a qual no processo de classificação de cafés crus são consideradas as características físicas dos grãos (tipo, peneira, cor, seca, etc.) e sensoriais da bebida (prova de xícara).

- **CLASSIFICAÇÃO PELA SECA:** é um fator essencialmente importante no que diz respeito à boa qualidade do produto, influindo de maneira decisiva no aspecto e na torração do café.
- **CLASSIFICAÇÃO PELA TORRAÇÃO:** a prova de torração é, sem dúvida, um ponto de fundamental importância na torração de café por ser de grande ajuda para definir a sua qualidade. Defeitos que não são observados no café cru aparecem na torração.
- **CLASSIFICAÇÃO PELA TORRAÇÃO:** a torração do café pode ser classificada em: fina – quando apresenta homogeneidade na cor e no aspecto, sem defeitos; boa – quando apresenta irregularidades na homogeneidade da cor no aspecto; regular - quando apresenta irregularidades na cor e no aspecto ou maiores irregularidades em qualquer uma das características ou em ambas, simultaneamente.
- **CLASSIFICAÇÃO POR AROMA:** diz-se da classificação do café de acordo com o seu aroma, entre eles o frutado, florado, achocolatado, semelhante a pão torrado e outros. Existem ainda os aromas considerados indesejáveis, entre eles látex, mofo, ranço, etc.
- **CLASSIFICAÇÃO POR BEBIDA:** o sabor e o aroma (bebida) do café são classificados pela prova de xícara. A prova de xícara surgiu no Brasil no início do século XX e foi adotada pela Bolsa de Café e Mercadorias de Santos a partir de 1917, pouco depois da sua instalação em 1914. Atualmente, para fins de classificação da bebida, segundo a Instrução Normativa nº 8, de 11 de junho de 2003 do Mapa, o café é classificado em dois grupos: Grupo I – Arábica e Grupo II – Robusta. O Grupo I é, por sua vez, dividido em sete subgrupos: bebidas finas (estritamente mole, mole, apenas mole, duro); bebidas fenicadas (riado, rio e rio zona); e o Grupo II, dividido em quatro subgrupos: bebidas excelente, boa, regular e anormal. Não há dúvida de que o fator mais importante na determinação da qualidade é a bebida. Essa avaliação é feita pelos degustadores em função, principalmente, dos sentidos, do gosto, olfato e do tato.
- **CLASSIFICAÇÃO POR TIPOS:** as normas estabelecidas na Tabela Oficial Brasileira de Classificação por tipos admitem sete tipos de valores decrescentes de 2 a 8 e resultantes da apreciação de uma amostra de 300 gramas de café beneficiado. A cada tipo corresponde um maior ou menor número de defeitos (grãos imperfeitos ou impurezas). O tipo 4 é chamado "tipo base" por ter sido, no passado, o café que mais aparecia para ser comercializado no porto de Santos. Assim, esse café foi considerado padrão para a fixação de preço.
- **CLASSIFICAÇÃO QUANTO ÀS FAVAS:** as favas ou os grãos são classificadas segundo a forma e o tamanho em: graúda, boa, média e miúda. Quanto à forma dos grãos, recebem a denominação de chatos e mocas.
- **CLASSIFICAÇÃO QUANTO À PENEIRA:** classificação efetuada com base nas dimensões e na

forma dos grãos, sendo classificados em chato-grosso, médio, miúdo, moca graúdo, médio e miúdo, quebrado e minimal. Para tanto, são utilizadas peneiras oficiais que retêm as favas de acordo com os tamanhos de seus crivos. Sob o ponto de vista técnico, é de suma importância a separação por peneiras, pois permite a seleção de favas de acordo com o seu tamanho, separando-as em grupos possíveis de uma torração mais uniforme.

- **CLASSIFICAÇÃO QUANTO AO ASPECTO:** o café é classificado quanto ao aspecto em bom, regular e mau, sendo importante no julgamento da qualidade. O aspecto do produto permite prever sua característica de torração, que, por sua vez, pode ser classificada em fina, boa, regular e má.
- **CLASSIFICADOR:** diz-se do profissional capacitado para efetuar a classificação do café segundo os critérios exigidos (tipo, bebida, etc).
- **CLASSIFICADORA:** parte do conjunto de equipamentos destinados à operação de rebeneficiamento do café. Consiste em um sistema de peneiragem em classificadora que separa o café chato em peneiras de números 19, 18, 17, 16, 15, 14, 13 e o café moca em peneiras de números 12, 11, 10, 9, 8 e fundo constituído de grãos moídos, chochos e quebrados.
- **CLIMA:** conjunto de condições climáticas necessárias para que os cafeeiros cresçam e produzam bem. A temperatura e as chuvas e, em menor escala, os ventos, a umidade do ar e a luminosidade são os fatores de maior influência. O conhecimento das condições ideais de clima é importante para os zoneamentos climáticos que indicam, para cada região, as áreas aptas para a cultura cafeeira. Com reflexos positivos sobre a produtividade e a qualidade do café produzido, esses zoneamentos são distintos para as variedades das espécies *Coffea arabica* L. e *Coffea canephora*.
- **COLHEDORA OU COLHEITADEIRA:** são máquinas tracionadas ou automotrizes que utilizam a vibração como princípio de derriça. A colhedora consiste, basicamente, em uma máquina que opera a cavaleiro das linhas de plantas, apoiada sobre quatro rodas, possuindo varetas ou hastes vibratórias, sustentadas por dois cilindros laterais que envolvem as plantas. Por causa da vibração das varetas, os grãos se soltam e são coletados por um conjunto de lâminas retráteis, os recolhedores, que fecham o espaço sob a saia do cafeeiro. Os frutos colhidos são levados pelos transportadores horizontais e verticais até o sistema de limpeza, onde as impurezas são separadas por processo de ventilação. Limpos, os grãos são ensacados e retirados por operadores auxiliares ou descarregados a granel em carretas que acompanham a colhedora durante a colheita. Essa colhedora pode trabalhar em terrenos com declividade de até 15%. Algumas variações são apresentadas em máquinas de diferentes marcas comerciais. Também existem colhedoras tracionadas que

apresentam sistema de colheita igual ao das colhedoras automotrizes, diferindo destas por necessitarem de um trator para tracioná-las. São acopladas ao sistema de três pontos do trator e acionadas pela tomada de potência (TDP), podendo trabalhar em terrenos com até 10% de declividade.

- **COLHEITA:** ação deliberada de separação dos frutos de café de seu meio de crescimento. Todas as ações posteriores são consideradas pós-colheita. A colheita apresenta como principais objetivos a retirada do produto do campo em níveis adequados de maturidade, com um mínimo de dano ou perda, com a maior rapidez possível e com um custo mínimo. Na cafeicultura é considerada a operação mais onerosa para o produtor, constituindo cerca de 30% do custo de produção.

- **COLHEITA A DEDO OU COLHEITA MANUAL SELETIVA:** colheita realizada manualmente, na qual apenas os frutos maduros são colhidos. É um sistema pouco usado no Brasil, predominante na cafeicultura, principalmente onde se utiliza o despolpamento, em função da maturação desigual dos frutos. É o exemplo típico, o que ocorre na Colômbia, na América Central, na Etiópia e no Quênia, onde apenas os frutos maduros são coletados a dedo e a colheita completada em dez a dezesseis passadas ao ano. É um processo que consome maior quantidade de mão de obra e tempo, mas que pode compensar se o café receber um prêmio pela qualidade do produto final. No Brasil, a colheita a dedo é feita apenas para frutos maduros para a produção de sementes.

- **COLHEITA MANUAL:** sistema convencional em que as diversas operações da colheita, com exceção do transporte, são realizadas a partir do serviço humano, demandando grande mão de obra. A colheita manual abrange as modalidades de colheita seletiva e por derriça.

- **COLHEITA MANUAL POR DERRIÇA:** método de colheita pelo qual os frutos são retirados da planta ao mesmo tempo manualmente ou com o auxílio de ferramentas ou máquinas.

- **COLHEITA MECANIZADA:** nesse sistema considera-se que todas as operações de colheita são realizadas mecanicamente. Apesar de esse sistema ser chamado de mecanizado, não dispensa totalmente o uso de mão de obra, pois as máquinas não conseguem colher todos os frutos da planta, exigindo uma operação manual de colheita dos frutos remanescentes, denominados "repasse". É um sistema utilizado predominantemente no Brasil e no Havaí.

- **COLHEITA SELETIVA:** colheita a dedo ou manual seletiva.

- **COLOMBIANO, CAFÉ COLOMBIANO:** café procedente da Colômbia, computado no mercado internacional como de elevada qualidade, alcançando por isso melhores coações em relação ao café arábica, originário de outros países.

- **COMERCIALIZAÇÃO:** operações de compra e venda de café tanto pelo mercado interno quanto externo. Nessas operações, atuam os maquinistas, as cooperativas, os comerciantes, os corretores, os exportadores e os importadores.

- **COMÉRCIO:** o comércio mundial de café tem caráter de oligopólio, comercializando grãos de diferentes qualidades, com baixa elasticidade de substituição. A concorrência, aliada às diferenças de qualidade, determina disparidade de preços com a substituição entre eles, o que causa distorções nas parcelas de participação dos países exportadores. No comércio mundial, segundo a OIC, prevalecem os seguintes tipos de café: Arábica Brasileiro, Suave Colombiano, outros Suaves e Robusta.

- *COMMODITY:* palavra inglesa utilizada para designar o café comum, padrão negociado em Bolsas. Também no mercado financeiro, a palavra é utilizada para designar um tipo de produto geralmente agrícola ou mineral, de grande importância internacional porque é amplamente negociado entre importadores e exportadores. Existem bolsas de valores específicas para negociar *commodities*, entre elas o café, que ocupa o segundo lugar entre as *commodities* agrícolas globalmente comercializadas, inclusive para entrega futura.

- **COMPACTAÇÃO DO SOLO:** processo físico de diminuição do volume e porosidade de um solo pelo esforço compressivo, exercido por máquinas, animais e impacto direto de gotas de chuva.

- **COMPOSTO AROMÁTICO:** substância orgânica composta, caracterizada pela presença de, no mínimo, um anel benzênico, ou que sua molécula contenha um anel de benzeno, naftaleno, antraceno, etc., e que pelo odor exalado pode impressionar o olfato e o paladar. Também cafés que apresentam aromas que podem estar presentes em diferentes gradações, de leve a acentuado, e que podem ser desejáveis e indesejáveis.

- **CONTÊINER:** recipiente ou dispositivo de transporte, desenhado especialmente para contenção e transporte de produtos, entre eles o café, suficientemente resistente para permitir seu uso repetido. Um contêiner geralmente comporta 250 sacas de café (37,500 lb).

- **CONTROLE BIOLÓGICO:** o controle biológico consiste no emprego de um organismo (predador, parasita ou patógeno) que ataca outro que esteja causando danos econômicos às lavouras. Trata-se de uma estratégia muito utilizada em sistemas agroecológicos, assim como na agricultura convencional, que se vale do manejo integrado de pragas (MIP).

- **CONTROLE FITOSSANITÁRIO:** conjunto de práticas aplicadas para prevenir ou controlar a ocorrência de doenças e pragas em cafeeiros. A cultura do cafeeiro permite a integração de várias práticas, entre elas a de controle genético, biológico, cultural e químico. Os controles químicos pela utilização de fungicidas devem ser executados criteriosamente, visando evitar resíduos no produto final, danos aos aplicadores e ao meio ambiente.

- **CONTROLE INTEGRADO DE PRAGAS E DOENÇAS:** é um sistema contínuo de controle das doenças e pragas, buscando mantê-las abaixo do nível de dano econômico, por meio de várias técnicas e sem prejuízo para o agrossistema.
- **COOPERATIVA:** sociedade de pessoas de natureza civil unidas pela cooperação e ajuda mútua, gerida de forma democrática e participativa, com objetivos econômicos e sociais. Fundamenta-se na economia solidária e se propõe a obter um desempenho eficiente, por meio da qualidade e da confiabilidade dos serviços que presta a seus associados e a seus usuários.
- **COTILÉDONE:** folha ou cada uma das folhas que se forma no embrião das angiospermas e gimnospermas e que, em algumas espécies, pode ser um órgão de reserva para o desenvolvimento da planta.
- **CULTIVAR:** palavra substantiva originária da junção de dois termos do inglês: *cultivated variety* = cultivar. É utilizada para indicar uma variedade produzida por meio de técnicas de cultivo, já testada pela pesquisa e já disseminada entre os cafeicultores. Também grupo de indivíduos de uma mesma espécie que se relacionam por ascendência e se apresentam uniformes quanto às características morfológicas.
- **CULTIVO:** ato ou efeito de cultivar: modo de cultivar; cultura. O cafeeiro é cultivado no Brasil sob diferentes sistemas; basicamente são reconhecidos os sistemas de cultivo convencional, orgânico, adensado, arborizado, irrigado, entre outros.
- **CULTIVO A PLENO SOL:** diz-se do cultivo sem nenhum tipo de árvore associado aos cafeeiros.
- **CULTIVO IRRIGADO:** prática agrícola que utiliza técnicas artificiais e controladas para fornecer água ao solo visando deixá-lo apto para o cultivo.
- **CULTIVO SOMBREADO:** diz-se da prática de cultivo de café sob condições de sombra; prática pouco utilizada nos cultivos brasileiros.
- **CUP OF EXCELLENCE:** competição que seleciona os melhores cafés produzidos em um país em um determinado ano. Os cafés vencedores são escolhidos por um seleto grupo de provadores nacionais e internacionais e são provados pelo menos cinco diferentes vezes durante o processo de competição. Os vencedores são premiados com o prestigiado título Cup of Excellence e leiloados pela internet para o maior lance oferecido.
- **DATA DE VALIDADE:** data de vencimento impressa no recipiente ou no rótulo do produto, informando o tempo que se espera que ele mantenha as especificações estabelecidas, desde que estocado nas condições recomendadas, e após o qual não deve ser usado.
- **DECOTE OU PODA TIPO DECOTE:** sistema de poda aplicado aos cafeeiros quando há um acentuado depauperamento da parte superior da planta, ou quando a planta atinge altura

excessiva, visando facilitar a colheita. É um tipo de poda menos drástico quando comparado à recepa e ao esqueletamento. Consiste simplesmente na eliminação dos ponteiros do cafeeiro. O decote pode ser manual ou mecânico.

♦ **DEFEITO:** característica dos grãos de café visível a olho nu por classificadores experientes e que tem diferentes pesos na classificação final do café, uma vez que afeta negativamente a qualidade. Tem sua origem claramente estabelecida em falhas durante as fases de cultivo e/ou preparo do café. Os defeitos podem ser de natureza intrínseca, que se constituem de grãos alterados quer pela inadequada aplicação de práticas de produção e de processamento, quer por modificações de origem fisiológica ou genética (os pretos, ardidos, verdes, chochos, mal granados, quebrados e brocados), e extrínseca, que são representados pelos elementos estranhos ao café beneficiado (coco, marinheiro, cascas, paus e pedras).

♦ **DEFEITO EXTRÍNSECO DO CAFÉ:** constituído pelas impurezas presentes nos grãos de café, tais como casca, paus, pedras ou outros tipos de impurezas. Os defeitos extrínsecos devem ser removidos na fase adequada, por exemplo, quando da limpeza do café por meio da peneiração, na classificação ou na remoção de metais. A remoção correta de tais defeitos leva a uma perda física. A presença acidental ou fraudulenta desses defeitos até o final da produção (torração e moagem) ou até o café solúvel pode resultar em danos ao maquinário ou mesmo em fraude ao consumidor.

♦ **DEFEITO INTRÍNSECO DO CAFÉ:** defeito ou grãos imperfeitos encontrados nas amostras de café, entre eles os grãos pretos, ardidos, verdes, chochos, mal granados quebrados ou brocados.

♦ **DÉFICIT OU DEFICIÊNCIA HÍDRICA:** diz-se da falta de água disponível para a planta num determinado período. Constitui-se em um dos fatores determinantes para a aptidão das regiões (déficit hídrico menor que 150 mm) e marginais (déficit hídrico superior a 150 mm) para o cultivo do cafeeiro.

♦ **DEGOMAGEM:** termo utilizado para designar o processo de remoção da mucilagem que envolve os grãos após o despolpamento. A remoção da mucilagem pode ser feita por fermentação natural ou por meios mecânicos. Para a fermentação são utilizados tanques de alvenaria e a remição artificial da mucilagem é obtida por meio da utilização de desmuciladores.

♦ **DEGUSTAÇÃO:** diz-se do ato de provar o café de tal modo que se obtenha uma percepção mais apurada dos sabores e aromas exalados pela bebida. Também teste sensorial ou prova de xícara.

♦ **DERRIÇA:** operação de colheita do café pela qual os frutos são retirados da planta ao mesmo tempo, manualmente, com o auxílio de ferramentas ou máquinas. A operação de derriça pode ser realizada no pano ou no chão. Essa forma de colheita remove também todos os frutos: verdes, muito maduros e secos e todas as flores da planta. Entretanto, ainda é praticada em algumas partes da África e do Brasil.

- **DESBROTA:** consiste na eliminação dos brotos que se formam sobre o caule ou haste principal do cafeeiro em sua fase de formação, uma vez que é necessário evitar o excesso de troncos e os problemas que isso vai acarretar sobre as estruturas vegetativa e produtiva do cafeeiro adulto. As plantas de café da espécie arábica são, naturalmente, unicaules, crescendo, em sua maioria, com a dominância de um único tronco ou haste. As plantas de café da espécie canéfora, ao contrário do arábica, crescem naturalmente com muitas hastes (multicaules).
- **DESCASCADO, CEREJA DESCASCADO:** café cereja descascado.
- **DESCASCADOR:** parte do conjunto de equipamentos destinada ao beneficiamento do café. Trata-se de um cilindro de paredes perfuradas e escameadas (vazadeiras), com barras giratórias em seu interior que, ao girar, comprimem o café contra a parede quebrando sua casca e o pergaminho. Também instalado como uma sequência do processo de lavagem, o sistema descascador recebe por gravidade, ou por elevadores de canecas, os grãos cerejas e verdes, misturados. O sistema descascador é formado por um rotor com aletas que, ao girar, pressionam o café cereja contra uma peneira cilíndrica externa (grade descascadora-separadora) com perfurações alongadas que variam de acordo com a granulometria do café a ser processado, expelindo os grãos que passam pelas fendas para a parte exterior da peneira. Os grãos verdes, por terem uma casca rígida e aderida ao grão, não são descascados e são levados para as extremidades do sistema onde são eliminados por uma bica para secagem em lotes separados do cereja descascado.
- **DESCASCAMENTO:** consiste na retirada da casca dos frutos maduros ou cerejas que são encaminhados para a secagem contendo toda ou parte da mucilagem. Também remoção mecânica da casca (pericarpo) do café coco.
- **DESMUCILADO:** café descascado que tem a mucilagem removida por métodos mecânicos. O café desmucilado, assim como o despolpado, é um café com maior acidez, com corpo e aromas menos pronunciados. Também são grãos revestidos do pergaminho resultantes do despolpamento mecânico; os resultados de pesquisas não indicam diferenças entre a qualidade do café fermentado e despolpado mecanicamente, ficando as designações restritas ao meio científico. No comércio internacional permanecem, então, os dois grandes grupos "natural" e "lavado" ou "despolpado", aos quais se adiciona agora o sistema intermediário "cereja descascado".
- **DESMUCILADOR:** maquinário usado para retirar a mucilagem do café por meio da fricção entre os grãos e o cilindro dentado. A água corrente,

presente dentro da unidade de descascamento, ajuda a retirar a mucilagem do sistema e a movimentar os grãos. A unidade de descascamento possui regulagem que permite a retirada total ou parcial da mucilagem. Os primeiros desmuciladores verticais usados em larga escala surgiram em El Salvador, denominados de Elmu (eliminador de mucilagem) e passaram a ser fabricados em muitos países, inclusive no Brasil. Os modelos atuais de desmuciladores de fluxo vertical ascendente apresentam consumo de água cerca de quarenta vezes menor em relação aos modelos originais, não exigem pressão de água e consomem apenas metade da potência requerida pelo Elmu.

- **DESPOLPADOR:** máquina que age por pressão e remove a casca e a polpa dos frutos maduros. Possui dispositivos para separar os frutos maduros dos verdes, uma vez que os frutos verdes fazem parte da parcela que submerge no secador.
- **DESPOLPAMENTO:** consiste na retirada da casca dos frutos maduros ou cerejas por meio de um descascador mecânico e posterior fermentação rápida e lavagem dos grãos retirando-se a mucilagem.
- **DIVISAS:** termo para designar o dinheiro que o país recebe pela venda de bens para outros países; por exemplo, o café é um produto gerador de divisas para muitos países, entre eles o Brasil.
- **DOÇURA:** diz-se da característica atribuída a cafés que apresentam teores mais elevados de açúcares, os quais são influenciados pelas condições climáticas, tipos de café e manejo pós-colheita. Os cafés mais finos apresentam sabor adocicado, o que permite que sejam tomados sem adição de açúcar. Os cafés podem ter doçura variando de nula (sem doçura) até "muito boa".
- **DOENÇA:** denominação genérica dada a qualquer desvio do estado normal de saúde, causado por um patógeno, que se manifesta por meio do funcionamento anormal e é expressa por sintomas e sinais.
- **DURA PARA MELHOR:** bebida dura para melhor ou padrão de bebida dura para melhor.
- **DURA:** bebida dura ou padrão de bebida dura.
- **ENCHIMENTO DO GRÃO, GRANAÇÃO:** compreende a quarta fase do ciclo fenológico de frutificação do café, que normalmente ocorre de janeiro a março.
- **ENCORPORADO, MOLE MUITO ENCORPORADO E SEM CORPO:** nuances de sabor com uma leve acidez cítrica (proveniente do ambiente onde é preparado o grão), ou com acidez acética (proveniente de fermentação sofrida durante a secagem malconduzida).
- **ENDOCARPO:** também chamado de "pergaminho"; quando maduro é coreáceo e envolve independentemente cada semente. Apesar de ser uma parte do fruto, acompanha a semente que será usada no semeio tradicional em

viveiros e os grãos submetidos ao processamento via úmida.

- **ENDOSPERMA:** tecido de maior volume na semente, de cor azul esverdeada na espécie *Coffea arabica* e amarelo pálido em *Coffea canefora*.
- **ENXERTIA:** método de obtenção de mudas de café utilizado sempre que se desejar aliar características do porta-enxerto ou cavalo (resistência a nematoides, etc.) às características de uma cultivar (produtividade, tamanho dos grãos, etc.), que será utilizada como enxerto. O método utilizado é a garfagem com as mudas em estádio de palito de fósforo. Após seu enraizamento, o porta-enxerto é cortado transversalmente, recebendo uma fenda (com 1 cm a 1,5 cm) e o enxerto é cortado em cunha e encaixado na fenda do porta-enxerto. Um dispositivo constituído de um canudo plástico, formando uma garra, é colocado para firmar a região do enxerto e as mudas são mantidas por 15 a 20 dias em ambiente úmido (estufa ou micro aspersão), de onde sairão para serem transplantadas para recipientes comuns de mudas.
- **EROSÃO:** desgaste progressivo do solo provocado pelo arraste de partículas de tamanho variável que o compõe, normalmente provocado pela ação da água, do vento, do homem ou dos animais. Ocorre sob a forma laminar, em sulcos ou em voçarosas. Nos dois primeiros graus, pode-se perfeitamente usar as áreas para o plantio do café, adotando cuidados especiais, a fim de interromper, imediatamente, as causas da erosão. Nas áreas com voçorocas, comuns nas zonas de solo de arenito, deve-se, previamente, efetuar um trabalho de recuperação da área.
- **ESCOLHA DE CATAÇÃO:** produto proveniente da separação eletrônica, por cor e defeitos, ou da catação manual, constituindo-se de cafés verdes, ardidos e pretos na sua maioria.
- **ESPARRAMAÇÃO DO CAFÉ:** operação de esparramar o café nos terreiros para a secagem.
- **ESPERMODERMA:** também chamada de película prateada. É mais aderente ao endosperma da espécie *Coffea canephora Pierre* que na *Coffea arabica L.* e pode prejudicar o aspecto do café após beneficiado.
- **ESTAQUIA:** técnica de propagação vegetativa mais utilizada em cafeeiro. Estacas de ramos ortotrópicos contendo uma ou várias gemas. São tratadas com compostos auxínicos e enraizadas em diferentes substratos. Esse método vem sendo utilizado para multiplicação de híbridos interespecíficos e principalmente de clones selecionados de *Coffea canephora Pierre*, visando evitar a grande variabilidade originada em indivíduos dessa espécie quando obtidos de sementes.
- **ESTIAGEM:** período em que não ocorrem precipitações ou que elas são insuficientes para manter o nível de umidade do solo.
- **EXOCARPO:** camada externa do fruto também chamada de casca. Pode ter coloração amarela ou vermelha dependendo da cultivar ou

progênie em questão, por ocasião do amadurecimento dos frutos. Também, parte mais externa do fruto constituída de uma camada de células parenquimatosas que são de cor verde quando o fruto está imaturo e vermelho ou amarelo, dependendo da cultivar, quando este amadurece.

- **FERMENTAÇÃO:** hidrólise anaeróbica de substâncias orgânicas complexas, como carboidratos, por microrganismos, liberando energia. A palavra deriva do latim, *fervere*, ferver, relativo ao aspecto de ação de leveduras em estratos de frutas ou grão de malte durante o processo de produção de bebidas.
- **FERRUGEM DO CAFEEIRO OU FERRUGEM ALARANJADA DO CAFEEIRO:** doença foliar causada pelo fungo *Hemileia vastatrix* Berk. & Br. Causa manchas foliares responsáveis pela desfolha e consequentes danos sobre a produtividade e longevidade das plantas. Registrada no Brasil desde 1970, é controlada principalmente pela aplicação de produtos químicos (fungicidas) e da utilização de cultivares resistentes ou tolerantes à doença. Também ferrugem alaranjada.
- **FERTILIDADE DO SOLO:** *status* de um solo com respeito à sua capacidade de suprir os nutrientes essenciais ao desenvolvimento das plantas.
- **FILTRAGEM:** método de preparo do café para o consumo pelo qual o pó é acondicionado em um filtro, de papel ou de pano, com adição de água quente não fervente por cima. Esse método é muito utilizado na cultura brasileira de preparo, através de coadores caseiros e cafeteiras elétricas.
- **FLORES:** as flores do cafeeiro são de cor branca e ficam nos ângulos dos ramos laterais em número de quatro a dezesseis. O botão floral é verde e pouco antes de abrir fica branco. O cálice é pequeno e está colocado sobre o ovário, o qual é esférico e tem duas lojas. A corola tem forma de tubo e termina em cinco pétalas. Os estames, em número de cinco estão na parte superior da corola e apresentam, ainda, anteras, onde fica o pólen. O pistilo é como um estilete saliente, terminado em dois lobos estigmatíferos.
- **FORMAÇÃO DA LAVOURA:** conjunto de operações visando a efetiva implantação do cafezal, envolvendo as etapas desde a produção ou aquisição das mudas, a escolha e o preparo da área de plantio, a escolha do sistema de cultivo/manejo e do espaçamento, a escolha das variedades a serem plantadas e, finalmente, a realização das operações de plantio e replantio das mudas.
- **FORMAÇÃO DE MUDAS:** o cafeeiro pode ser reproduzido por sementes (reprodução sexuada), por estacas ou por pequenos fragmentos de tecido (reprodução assexuada). As mudas oriundas de sementes podem ser formadas por meio de semeadura direta nos recipientes ou por semeadura indireta nos leitos de areia, com posterior repicagem das mudinhas. As mudas de estacas podem ser reproduzidas a

partir da haste ou dos ramos ortotrópicos (ramos ladrões), com o aproveitamento de uma ou duas mudas para cada nó, sendo enraizadas e conduzidas em viveiros de microaspersão. Podem igualmente ser obtidas mudas por meio de microestacas, a partir de gemas induzidas de pequenos nós e, em grande escala, por meio de embriões induzidos a partir de células de folhas, com clonagem em meio líquido, nesses casos, em condições de laboratório.

- **FOTOSSÍNTESE:** processo mediante o qual as plantas verdes sintetizam os carboidratos a partir do óxido de carbono e da água.
- **FRUTO PASSA, SUPERMADURO:** estágio de maturação após o cereja e quando o fruto ainda não está seco, correspondendo à fase de senescência do fruto, na qual pode sofrer alterações na composição química, com a concorrência de microrganismos que podem ser detrimentais à qualidade do produto final; o fruto apresenta em média 30% a 40% de umidade ainda na planta.
- **FRUTO:** o fruto do cafeeiro é uma drupa elipsoide contendo dois lócus ou lojas e duas sementes, podendo ocasionalmente conter três ou mais. Pode ser classificado quanto à maturação em fruto verde, fruto verde-cana, fruto cereja, fruto passa e fruto seco. O fruto do café divide-se em casca (exocarpo), polpa (mesocarpo externo), mucilagem (mesocarpo interno), pergaminho (endocarpo) e grão.
- **FRUTO VERDE:** diz-se do fruto que não está ainda totalmente maduro. O estágio de amadurecimento verde dura em média até 182 dias da floração. Também se refere à etapa de desenvolvimento do fruto entre o seu primeiro estágio de formação do fruto (chumbinho) até o início da maturação. A participação de elevado percentual de frutos verdes no café é prejudicial sob os aspectos de rendimento da colheita e de características sensoriais do produto final, já que confere característica de adstringência à bebida por causa dos níveis mais elevados de taninos nos frutos verdes.
- **FRUTO VERDE-CANA:** final do estágio verde quando o fruto já começa a exteriorizar a maturação por meio da alteração da coloração da casca que, progressivamente, vai adquirindo a coloração verde amarelada.
- **FUNGICIDA:** produto químico utilizado para matar fungos e controlar as doenças produzidas por eles.
- **GERMINAÇÃO:** fenômeno biológico que apresenta uma exigência mínima de umidade e temperatura para que se inicie. Em geral, as sementes, quando secas, mantêm-se em boas condições de conservação. Aos 12% de umidade e com o dobro dessa porcentagem, o embrião começa a se desenvolver, sendo, então, necessária maior quantidade de água, proporcional ao seu desenvolvimento. O tempo gasto para o embrião se intumescer e adquirir vitalidade é muito variável. A semente de *Coffea arabica* L. despolpada despende em condições normais em média 75 dias para atravessar todos

os estágios de germinação e adquirir o aspecto que lhe confere o nome de "orelha de onça".

- **GOSTO ESTRANHO:** são gostos não característicos detectados na bebida café, tais como terra, mofo, gosto azedo, chuvado, avinagrado, fermentado, gosto de sacaria, óleo *diesel*, gasolina, tinta, gosto ou cheiro de fumaça. O gosto e o aroma conferem o sabor do café.
- **GRANAÇÃO, ENCHIMENTO DO GRÃO:** período compreendido entre os meses de janeiro a março do ano seguinte ao florescimento, quando há a formação dos grãos. Um estresse hídrico pode prejudicar a granação, produzindo frutos mal granados.
- **GRÃO:** parte do fruto ou da semente constituído por um pequeno embrião inserido no endosperma desta, envolto por tecidos remanescentes do perisperma ou envoltório seminal do fruto que forma a chamada película prateada.
- **GRÃO ARDIDO:** diz-se do defeito do café que tem origem na colheita dos frutos verdes, colheita atrasada e no contato dos frutos com o solo. É o grão ou pedaço de grão que apresenta coloração marrom em diversos tons por causa da ação de processos fermentativos. Prejudica o aspecto, a cor, a torração e a bebida. Na tabela de equivalência dos grãos imperfeitos para a classificação quanto ao tipo, dois grãos ardidos equivalem a um defeito.
- **GRÃO BROCADO:** refere-se ao defeito originário do ataque dos grãos pela broca (*Hypothenemus hampei* – Ferrari, 1867; *Coleoptera, Scolytidae*). Na classificação do café por tipo, dois a cinco grãos brocados correspondem a um defeito. Quanto ao aspecto do grão brocado um ou mais orifícios limpos ou sujos podem ser: brocado sujo: grão ou pedaço de grão que se apresenta com partes pretas ou azuladas; brocado rendado: grão ou pedaço de grão danificado pela broca do café que se apresenta com três ou mais furos e sem partes pretas; e brocado limpo: grão ou pedaço de grão danificado pela broca do café que se apresenta com até três furos e sem partes pretas. Esses grãos prejudicam o aspecto do café e podem ser eliminados pela catação manual ou mecânica e evitados pelo repasse nas lavouras e combate à praga.
- **GRÃO CHATO:** refere-se aos grãos com superfície dorsal convexa e ventral plana ou ligeiramente côncava, com a ranhura central no sentido longitudinal. De acordo com o tamanho dos grãos e a dimensão dos crivos circulares das peneiras que os retêm, os grãos chatos são classificados em: chato graúdo, peneiras 19 e 18; chato médio, peneiras 16 e 15; chato miúdo, peneiras 14 e menores, segundo o Regulamento Técnico de Identidade e de Qualidade para a Classificação do Café Beneficiado Grão Cru, aprovado pela Portaria nº 8 de 11 de junho de 2003.
- **GRÃO CHOCHO:** defeito do café em que cinco grãos caracterizam um defeito; fato que prejudica o aspecto e a torração. Esses grãos são eliminados com a ventilação adequada no benefício, pela catação manual ou mecânica. É

causado por fatores genéticos ou fisiológicos podendo ser reduzidos pela seleção genética e racionalização da cultura.

- **GRÃO CRU:** café beneficiado.
- **GRÃO FÉTIDO:** grão de café que, ao corte recente, exala um cheiro desagradável. O grão pode ser marrom-claro, amarronzado ou ter, ocasionalmente, uma aparência pálida.
- **GRÃO INFESTADO COM INSETOS:** refere-se aos grãos atacados por broca ou por insetos como o caruncho *Araecerus fasciculatus* (*Coleoptera*: *Anthribidae*) durante a estocagem por causa do controle inadequado ou por qualquer outro tipo de praga.
- **GRÃO MALFORMADO:** grão de café cuja forma anormal o torna facilmente identificável. Essa categoria inclui os grãos concha e orelha, ambos originários do grão elefante.
- **GRÃO MALGRANADO:** designação dada ao grão com formação incompleta apresentando-se com pouca massa e às vezes com a superfície enrugada. Vários fatores, entre eles os nutricionais, déficit hídrico e fitossanitário podem ser responsáveis pela má-formação dos grãos.
- **GRÃO MANCHADO:** grão do café apresentando manchas irregulares de coloração esverdeada, esbranquiçada e, às vezes, amarela.
- **GRÃO MOCA:** são grãos com formato ovoide, também com ranhura central no sentido longitudinal. De acordo com o tamanho dos grãos e a dimensão dos crivos oblongos das peneiras que os retêm, são classificados em: moca graúdo, peneiras 13 e 12; moca médio, peneira 10; e moca miúdo ou moquinha, peneira 9 e menores, conforme Regulamento Técnico de Identidade e de Qualidade para Classificação do Café Beneficiado Grão Cru, aprovado pela Portaria nº 8, de 11 de junho de 2003, do Ministério da Agricultura, Pecuária e Abastecimento. Também se refere ao grão de café com aspecto redondo por ter se formado em uma única loja ou lóculo do fruto. O fruto naturalmente apresenta duas lojas, gerando dois grãos chatos. Por apresentar forma redonda, vai produzir uma torra mais uniforme proporcionando um café de melhor bebida.
- **GRÃO MOFADO:** grão de café que apresenta crescimento de fungos ou evidência de seu ataque visível a olho nu.
- **GRÃO PÁLIDO:** grão que se apresenta com coloração amarelada, destoando na amostra, após ela ter sido submetida à "torração americana".
- **GRÃO PRETO:** grão caracterizado pela cor preta opaca do grão café. É considerado, com os grãos ardidos e verdes, os piores defeitos que afetam a classificação do café. Também se diz do defeito que tem origem na permanência prolongada de frutos no pé e no contato dos frutos com o solo, prejudicando aspecto, cor, torração e bebida. Na tabela de equivalência dos grãos imperfeitos para a classificação quanto ao tipo, um grão preto equivale a um defeito.
- **GRÃO PRETO VERDE OU DEFEITO PRETO VERDE:** defeito resultante da secagem inadequada

do grão verde (temperatura superior a 30 °C). Esses grãos provavelmente sofrem alterações de natureza enzimática e química afetando a película prateada, que fica escura ou preta brilhante e o grão de cor marrom idênticos aos grãos ardidos.

- **GRÃO QUEBRADO:** são os grãos que se quebram por má regulagem das máquinas beneficiadoras ou por se encontrarem excessivamente secos.
- **GRÃO TRIÂNGULO:** grão de formato irregular por ter se desenvolvido no fruto três ou mais sementes.
- **GRÃO VERDE:** termo utilizado inadequadamente para designar o grão cru, beneficiado ou pronto para ser comercializado (grão cru ou café beneficiado). É o grão imaturo, com película prateada aderida, com sulco ventral fechado e de coloração verde em tons diversos.
- **GRÃO VERDE OU DEFEITO VERDE:** defeito originário da seca inadequada e dos frutos verdes, resultando após o benefício em grão com a película prateada aderida, sulco ventral fechado e de coloração verde em tons diversos. Na Tabela Oficial de Classificação do Café, segundo o número de defeitos, cinco grãos verdes correspondem a um defeito. Cor verde – designação adotada na escala de classificação de cores adotadas para exportação do café – utilizado para designar grãos ruins.
- **GUARINI:** variedade de *Coffea canephora* Pierre. Ex.: Froehner apresenta alta resistência à ferrugem, elevada produção e frutos grandes. Adapta-se bem ao clima quente e úmido. Além disso, apresenta resistência genética ao nematoide *Meloydogyne exigua*, e é bastante tolerante ao nematoide *Meloydogyne incognita*.
- **HECTARE:** unidade de medida da terra, correspondente a 10.000 m^2 ou a 1 hectômetro quadrado. Um hectare equivale a 2,47 acres no Havaí, no Quênia e em Porto Rico, e a 1,43 *manzarras* na América Central.
- **HERBICIDA:** produto químico utilizado para eliminar plantas invasoras.
- **HIPOCÓTILO:** (*hipo* = abaixo; *cotiledon* = cotilédone) é a parte do eixo (caule) do embrião ou plântula situada entre o ponto de inserção dos cotilédones e aquele em que tem início a radícula.
- **IBRIQ:** nome dado ao recipiente de preparar o café turco.
- **IMPUREZAS:** termo referente a cascas, paus e outros detritos provenientes do próprio produto.
- **ÍNDICE DE MALGRANADOS:** porcentagem relativa de frutos malgranados demonstrando falhas nas etapas de condução da cultura, ocorrência de estiagem ou, ainda, lesões causadas por agentes bióticos (doenças e pragas) ou abióticos (escaldadura, granizo) que impedem a formação normal dos grãos.
- **INSUMO:** elemento utilizado no processo de produção ou serviços: adubos, defensivos, máquinas, equipamentos, trabalho humano, etc.; fator de produção.

- **LAVADOR, SEPARADOR HIDRÁULICO:** equipamento destinado a lavar e separar cafés com diferentes densidades ("boia" e os cerejas mais os verdes) e consequentemente diferentes estágios de maturação e ainda separar as impurezas grossas, tais como paus, pedras, torrões.
- **LEIRA:** refere-se ao ajuntamento no meio das linhas do material (mato, frutos caídos em decomposição, folhas) resultante da operação de arruação; refere-se ainda ao ajuntamento dos frutos ou grãos de café no terreiro no sentido de seu declive, após o estágio de meia-seca, como proteção contra as chuvas.
- **LIGA:** termo popularizado no mercado café que significa a mistura de diferentes tipos de café com a finalidade de obter-se um produto final que reúna as características desejadas pelo consumidor.
- **LIMPEZA DO CAFÉ:** consiste na retirada das impurezas grosseiras do café (folhas, ramos, torrões), operação que pode ser efetuada manual ou mecanicamente.
- **LOTE DE CAFÉ:** um número de um só produto identificável por sua homogeneidade de classificação, origem, etc. O café cru é embalado em sacas de juta pesando de 132 a 154 libras, dependendo da origem. Eles são organizados em lotes de 250 a mais de 300 sacas, as quais cabem perfeitamente em contêineres. Tais lotes tendem a ser *blends* de cafés de uma região e geralmente representam no máximo uma média qualidade.
- **MACRONUTRIENTE:** nutriente essencial para o desenvolvimento da planta, consumido por ela em maior quantidade. São eles: nitrogênio (N), fósforo (P), potássio (K), cálcio (Ca), magnésio (Mg) e enxofre (S).
- **MANEJO DA LAVOURA:** compreende a realização de várias práticas culturais efetuadas durante o ano. Podem ser rotineiras como capinas (controle de mato), arruação, esparramação, colheita e preparo do café, ou eventuais, tais como adubação, conservação do solo, culturas intercalares, podas, quebra-ventos, irrigação e controle de pragas e doenças.
- **MÃO DE OBRA:** gerente, capataz ou chefe de turma, turmeiro, gato volantes ou diaristas, boias-frias, terrereiros, viveiristas, marcadores, colhedores, pragueiros.
- **MATA CILIAR:** vegetação que acompanha as margens de cursos de água (rios, lagos) também conhecida como floresta ciliar. São sistemas que funcionam como reguladores do fluxo de água, sedimentos e nutrientes entre as áreas mais altas da bacia hidrográfica e o ecossistema aquático.
- **MEDIDAS FITOSSANITÁRIAS:** são barreiras não tarifárias que objetivam proteger as plantas de doenças e pragas, como a proteção da cafeicultura contra o ingresso de doenças e pragas não existentes no território brasileiro.
- **MEIA-SECA:** ponto em que o fruto seco integralmente descascado ou despolpado atinge aproximadamente a umidade em torno de

20% a 25% e a partir do qual não pode mais ficar exposto a chuvas, devendo, portanto, ser protegido.

- **MELHORAMENTO GENÉTICO DO CAFEEIRO:** área da pesquisa que tem como objetivo a obtenção de cultivares adaptadas às condições específicas de cada ecossistema e para exploração em diferentes sistemas de cultivo. Além disso, as cultivares devem ter características agronômicas superiores, como maior produtividade, resistência a doenças e pragas, maturação uniforme, sabor diferenciado, entre outras.
- **MERCADO:** percentual de vendas ou de estoque em determinado segmento de uma determinada empresa. Pode ser também a fatia que uma determinada marca tem no mercado em que atua.
- **MICOTOXINA:** termo derivado da palavra grega *mikes*, que significa fungo, e da palavra latina *toxicum*, que significa veneno, ou seja, micotoxina é a toxina produzida por fungos. Compreende um conjunto de substâncias quimicamente complexas e pouco relacionadas entre si, sintetizadas como metabólitos secundários por certos fungos. Algumas são responsáveis por graves problemas causados à saúde humana e animal.
- **MICROASPERSÃO:** sistema de irrigação semelhante ao gotejamento, mas que permite a aplicação de volumes de água maiores e com maior pressão.
- **MICROCLIMA:** o microclima, dentro do cafezal, depende do espaçamento, da cultivar, do tipo de poda, do manejo, do mato, da irrigação, etc. Variando essas condições da cultura, mudam também os aspectos microclimáticos, como o arejamento, a insolação, a umidade, a temperatura do solo, etc. No próprio cafeeiro, a condição microclimática é diferente, se observada nas várias posições. Na parte inferior da planta (saia), a insolação é menor que no ponteiro da planta. O lado de exposição da planta condiciona, também, diferentes insolações, temperatura, orvalho, etc.
- **MICRONUTRIENTE:** elemento de grande importância não só pelo papel que representa na nutrição, mas também no aumento das defesas e resistência das plantas; nutriente que a planta consome em menor quantidade, porém de grande importância para o seu desenvolvimento. Os mais importantes são: boro (B), ferro (Fe), molibdênio (Mo) e zinco (Zn).
- **MOAGEM:** o processo de moagem consiste no fracionamento do grão torrado em partículas finas usualmente por meio de moedores de impacto. O café é classificado quanto ao grau de moagem em: pulverizado (café árabe, em que o pó não é coado); fina (filtração em filtros de papel ou coadores de pano); média (café expresso); e grossa para percolação (cafeteira italiana). Quanto mais fina a moagem, melhor será a extração dos sólidos solúveis pela água e dos voláteis do café, embora a escolha do tamanho da partícula seja função do equipamento utilizado na extração da bebida.

- **MOINHO:** equipamento destinado a moer o café, desde pequenas quantidades até os modelos industriais com capacidades variáveis de acordo com o volume industrializado.
- **MONITORAMENTO:** atividades dirigidas para a observação da ocorrência de determinados fenômenos e dos fatores que condicionam a sua ocorrência e intensidade. Como exemplo, cita-se o monitoramento de pragas e doenças nos cafezais com as finalidades de conhecer as pragas e epidemiologia das doenças, identificando seus danos, bem como os níveis de ação para o seu controle.
- **MUCILAGEM:** camada interna do mesocarpo, constituída, basicamente, de 85% de água ligada a 15% de sólidos na forma de hidrogel insolúvel e coloidal. Da porção de sólidos, 80% são substâncias pécticas e 20%, açúcares. A mucilagem só é formada no estágio cereja, quando o fruto está quase maduro. Também é o resíduo agroindustrial obtido do processamento dos frutos de café e representa 40% de toda a massa do fruto. Representa um sério problema de poluição considerando-se o grande volume de café processado a cada ano. Alternativas para a sua utilização, como alimento animal, composto orgânico, biogás, produção de cogumelos e vermiculita, são constantemente estudadas. No entanto, sua utilização animal sofre restrições devido aos fatores antinutricionais presentes, como cafeína, taninos e polifenois.
- **MUDAS:** plantas produzidas sob condições controladas, destinadas à formação de uma lavoura. Podem ser produzidas em saquinhos de polietileno ou tubetes de polipropileno em tamanhos variados.
- **NEMATOIDE:** pequeno "verme" que ataca as raízes do cafeeiro; as espécies mais frequentes são: *Meloidogyne incognita, M. exigua, M. paranaensis, M. coffeicola, M. hapla, M. arabicidade, M. arenaria, Pratylenchus brachiurus* e *P. caffeeae, Xiphinema krugi, X. brevicolle, Helycotilenchus dihistera, Aphelenchus sp* e *Criconemoides sp*. A espécie de maior importância no Brasil é *Meloidogyne incognita*, que ocorre com maior gravidade nas regiões de solos arenosos, no Paraná e em São Paulo, assim como em áreas restritas do sul e alto Paranaíba, em Minas Gerais. Outras áreas de solos arenosos (como o oeste da Bahia) são potenciais para o ataque desse nematoide.
- **ORELHA DE ONÇA:** refere-se ao estádio posterior ao de "palito de fósforo" quando os restos de endosperma vão liberando as folhas cotiledonares permitindo que fiquem abertas.
- **ORIGEM DOS DEFEITOS:** diz-se que os defeitos são anomalias originadas por falhas bem definidas nos manejos de pré e pós-colheita do café.
- **ORGANOLÉPTICO:** chama-se propriedade organoléptica às características dos objetos que podem ser percebidas pelos sentidos humanos, como cor, brilho, paladar, odor e textura.

- **PADRÃO DE QUALIDADE:** padrão preestabelecidos em que o café pode se enquadrar de acordo com o conjunto de características sensoriais e de conteúdo de defeitos.
- **PADRONIZAÇÃO DO CAFÉ:** a padronização, operação realizada com o rebeneficiamento, visa uniformizar o café segundo o tamanho dos grãos, a eliminação de defeitos para a melhoria do tipo e de sua classificação comercial e a própria padronização dos lotes para a venda. São operações realizadas por cooperativas, pequenos comerciantes (maquinistas) e exportadores, ou, então, armazéns gerais (prestação de serviços).
- **PAÍS DE ORIGEM:** país no qual o café exportado foi cultivado.
- **PALHA DE CAFÉ:** são as estruturas do fruto correspondentes ao pericarpo formado pelo exocarpo, mesocarpo (polpa e mucilagem) e endocarpo (pergaminho). Em conjunto, essas estruturas constituem a palha do café, que é removida no processo de beneficiamento do fruto em coco.
- **PALITO DE FÓSFORO:** estágio de desenvolvimento da plântula no qual a alça hipocotiledonária vai se tornando retilínea, levantando a semente que emerge do solo, já com as folhas cotiledonares bastante desenvolvidas, mas ainda presas aos restos do endosperma.
- **PANO DE COLHEITA:** utensílio utilizado na colheita pelo método de derriça manual, visando evitar o contato dos frutos derriçados com o chão. Confeccionado de tecido rústico ou de ráfia de plástico, é comum nas dimensões de 4 m × 2,5 m até 6 m × 3 m, podendo cobrir, ao mesmo tempo, um dos lados da linha do café numa extensão de três a cindo plantas.
- **PATÓGENO:** organismo que causa enfermidade.
- **PECTINAMETILESTERASE:** enzima da parede celular com funções importantes na fisiologia das plantas e que desempenha papel importante no metabolismo da parede celular durante o amadurecimento dos frutos.
- **PENEIRA:** aparato dotado de crivos com dimensões e formatos específicos, geralmente utilizado em conjunto destinado a selecionar os grãos de café de acordo com o tamanho e o formato. As peneiras de crivos redondos servem para medição dos cafés chatos e as de crivo alongados para mocas. Pode ser, também, um aro com uma malha de arame utilizado para abanar o café tirando as impurezas. Também instrumento pelo qual as favas ou grãos de café são classificadas segundo as dimensões dos crivos oficiais que as retenham. Essas peneiras são designadas por números, os quais, divididos por 64, fornecem a indicação do tamanho dos furos, expresso em frações de polegadas. A classificação do café por peneiras é a seguinte: chato grosso (peneiras 17 e maiores); chato médio (peneiras 15 e 16); chatinho (peneiras 12, 13 e 14); moca grosso (peneiras 11 a 13); moca médio (peneiras 10) e moquinha (peneiras 8 e 9).

- **PENEIRA FLUTUAR OU COM FLUXO DE AR:** peneira semelhante à peneira sururuca, porém com fluxo de ar que levanta os grãos defeituosos, ficando os grãos perfeitos aderidos à superfície. O movimento faz com que os grãos pesados dirijam-se para a periferia e os grãos de menor densidade (verdes, pretos, mal granados e conchas) sejam jogados em uma saída central da peneira. Acima da peneira tem aspiradores para succionar impurezas leves. É uma parte do conjunto de equipamentos destinada a efetuar a operação de rebeneficiamento do café.
- **PENEIRA SURURUCA:** parte do conjunto de equipamentos destinado ao rebeneficiamento do café. É uma peneira que separa o café descascado do não descascado por movimento oscilatório excêntrico, fazendo a separação pela força centrífuga e pela diferença de densidade. O café beneficiado mais denso vai para a periferia da peneira, ao passo que o café não descascado (coco e marinheiro) retorna pelo centro da peneira sururuca. O café descascado é levado por gravidade ao "catador de escolha".
- **PERCOLOCAÇÃO:** método de preparo do café para o consumo pelo qual se coloca o pó de café no centro de um equipamento *moka*, que, posicionado em um fogão, faz a água entrar em ebulição e pressionar o café líquido para um recipiente. É a forma mais utilizada para consumo de café na Europa.
- **PERGAMINHO:** ver *endocarpo*.
- **PILHA, PILHA DE CAFÉ OU PILHAS DE SACAS:** conjunto de sacas beneficiadas de café, dispostas umas sobre as outras no armazém. O padrão para a altura das pilhas é de 20 sacas para o empilhamento manual e de 25 sacas para o empilhamento mecânico.
- **PIRÓLISE:** diz-se da reação química, na qual ocorrem simultaneamente degradações e sínteses de compostos, que ocorre durante o processo de torração do café. Apesar de processar em altas temperaturas, a torração não provoca queimaduras nos grãos porque ocorre dentro de suas células e na ausência de ar. Os produtos da pirólise são os açúcares caramelizados, carboidratos, ácido acético e seus homólogos, aldeídos, cetonas, furfural, ésteres, ácidos graxos, aminas, CO_2, sulfetos, etc. Todos esses constituintes contribuirão para um desenvolvimento total do sabor do café.
- **PIVÔ CENTRAL:** aparelho de irrigação que consiste basicamente de uma tubulação metálica onde são instalados os aspersores. A tubulação que recebe a água de um dispositivo central sob pressão, chamado de ponto pivô, se apoia em torres metálicas triangulares, montadas sobre rodas, geralmente com pneu. As torres movem-se continuamente acionadas por dispositivos elétricos ou hidráulicos, descrevendo movimentos concêntricos ao redor do ponto pivô. O movimento da última torre inicia uma reação de avanço em cadeia de forma progressiva

para o centro. Em geral, os pivôs são instalados para irrigar áreas de 50 a 130 hectares, sendo o custo por área mais baixo à medida que o equipamento aumenta de tamanho. Para otimizar o uso do equipamento é conveniente, além da aplicação de água, aproveitar a estrutura hidráulica para aplicação de fertilizantes, inseticidas e fungicidas, etc.

- **PLENO SOL:** diz-se do sistema de cultivo do café sem sombreamento, a pleno sol, sistema esse predominante no Brasil.
- **POLINIZAÇÃO:** fenômeno biológico pelo qual ocorre a deposição do grão de pólen sobre os estigmas fecundando um óvulo em cada loja, quando o ovário se incha dando início ao desenvolvimento da semente.
- **PREPARO DA BEBIDA:** o café pode ser preparado de várias formas, de acordo com o costume, sendo mais comuns os quatro sistemas seguintes: a percolocação da água quente diretamente sobre o pó no coador; a infusão do pó em mistura com água quente em um recipiente, com posterior passagem pelo coador; a passagem da água quente pelo pó, sob pressão (café *espresso*); a mistura do pó fino em água quente diretamente no vasilhame, deixando-a descansar ligeiramente sem coar.
- **PRODUTIVIDADE:** relação entre o total produzido de café e a área utilizada para sua obtenção. Na cafeicultura, é geralmente expressa em sacas de 60 quilos de café beneficiado por hectare (sacas/ha).
- **PROVA DE XÍCARA:** análise sensorial do café. A prova de xícara surgiu no Brasil no início do século XX e foi adotada pela Bolsa de Café e Mercadorias de Santos a partir de 1917, pouco depois de sua instalação em 1914. Essa avaliação é feita pelos degustadores treinados e que classificam o café pelos atributos sensoriais (sabor, aroma, textura oral). A classificação do café pela bebida é um dos parâmetros utilizados para identificar padrões de qualidade e identidade do café segundo a Comissão Nacional de Normas e Padrões para Alimentos, aprovada em março de 1978, segundo a Resolução nº 12.178.
- **PROVADOR:** diz-se de indivíduo treinado para a análise e classificação sensorial do café e identificação dos seus defeitos.
- **QUALIDADE:** pode ser definida como um conjunto de atributos físicos, químicos, sensoriais e de segurança que atendam aos gostos dos diversos tipos de consumidores. Para investigar a qualidade total do café, deve-se levar em consideração os fatores regionais, espécies e variedades culturais e sistemas de processamento e comercialização existentes nos vários países e regiões de produção.
- **RECEPA OU PODA DO TIPO RECEPA:** tipo de poda que, no café, consiste no corte da planta a mais ou menos 30 cm a 40 cm acima do solo. É considerada o tipo de poda mais drástica e que apresenta indicação para lavouras cujas plantas encontram-se depauperadas, visando

sua brotação e produção econômica. A recepa pode ser, ainda, baixa, alta, etc.

- **RETROGOSTO:** gosto remanescente que permanece na boca após a bebida do café.
- **REVOLVIMENTO DO CAFÉ:** ato de virar e revirar o café continuamente durante sua secagem no terreiro, com a finalidade de promover a secagem uniforme do café, proporcionando condições uniformes de calor e aeração da camada de frutos ou grãos.
- **RUA:** espaço compreendido entre duas fileiras de café.
- **RUBIÁCEA:** grande família da qual faz parte o gênero *Coffea*, estabelecido por De Jussieu em 1735.
- **SABOR:** sensação causada pelos compostos químicos da bebida do café quando introduzida na boca. O sabor pode ser suave a intenso. Também sabor característico do café como bebida proveniente dos grãos, estando diretamente relacionado com as variedades e influenciado por tratos agrícolas, processos de secagem, fermentação, torrefação, moagem e envase.
- **SABOR RESIDUAL OU REMANESCENTE:** sabor que permanece na boca após a degustação do café. Ele pode ser intenso e agradável nos cafés de melhor qualidade. Uma característica de um café com *after taste* positivo remete à degustação de uma segunda xícara. Também últimas notas de *flavor* (sabor e aroma) que permanecem na boca após o consumo da bebida. Quanto mais agradáveis e persistentes, melhor.
- **SACARIA DE JUTA:** embalagem normalmente utilizada no armazenamento e na exportação de café beneficiado, tendo capacidade para 60 quilos (132 libras) e pesando 0,5 quilo. Os estivadores são afeitos ao seu manuseio e elas têm a aceitação dos países importadores. Deve ser nova e, quando reutilizada, deve estar limpa, principalmente isenta de grãos remanescentes de colheitas anteriores.
- **SAFRA:** produção do café de um ano para outro.
- **SECA:** fator essencialmente importante no que diz respeito à boa qualidade do produto, influenciando de maneira decisiva no aspecto e na torração do café. A seca é considerada boa quando confere ao café uniformidade da cor, consistência dos grãos, indicando ter sido bem conduzida desde a colheita. Atualmente, com existência de aparelhos eletrônicos, a seca do produto é determinada pela porcentagem da umidade encontrada nos grãos. Um café, tecnicamente preparado, deve apresentar, após o beneficiamento, uniformidade na cor, consistência dos grãos e possuir um teor de umidade entre 11% e 11,5%, uma vez processado por "via seca", e entre 12% e 12,5% se obtido por "via úmida". A seca pode ser classificada, então, em: boa, regular e má. Seca má é aquela em decorrência da qual os grãos apresentam-se manchados ou úmidos. A seca regular é intermediária.
- **SECADOR:** equipamento destinado à secagem e pré-secagem do café. Basicamente

encontram-se os secadores rotativos horizontais ou pré-secadores e os secadores verticais.

- **SECAGEM:** consiste na redução da umidade dos frutos e grãos de café até a umidade ideal de armazenamento (11% a 12%).
- **SECAGEM À SOMBRA:** consiste na secagem do café sem incidência direta dos raios solares sobre os frutos. A umidade é eliminada pela ação do vento.
- **SECAGEM EM TERREIRO NATURAL:** consiste na secagem de frutos e grãos de café por meio da energia solar direta.
- **SECAGEM MECÂNICA OU ARTIFICIAL:** método de secagem pelo uso de secadores mecânicos.
- **SENSAÇÕES GUSTATIVAS:** o doce, o ácido e o amargo resultam da associação de sensações puras e ainda da associação com o olfato e com as sensibilidades térmicas e táteis da mucosa bucal.
- **SENTIDO DO OLFATO:** no nariz estão localizadas as terminações nervosas do olfato. Essas terminações são sensíveis aos gases produzidos pelo ar que respiramos, levando essas sensações ao cérebro. Tudo aquilo que pode ser percebido pelo sentido do olfato denomina-se aroma. A combinação de gosto e aroma confere o que denominamos de "sabor".
- **SUBSTRATO:** diz-se da mistura de terra, adubos orgânicos e adubos minerais utilizados para enchimento dos saquinhos utilizados para o semeio do café. Deve preencher as características recomendadas para garantir o desenvolvimento e a sanidade das mudas, evitando a contaminação das áreas de plantio com patógenos. Também substrato para enchimento de tubetes – produto comercial constituído de casca de pinus compostada, vermiculita expandida, perlita, turfa, além de fertilizantes minerais. Pela sua concepção, as matérias-primas são isentas de contaminantes e de elementos fitotóxicos.
- **TALHÃO:** grupo de plantas delimitado, com características próprias quanto à idade, cultivar, manejo, etc.
- **TANQUE DE DEGOMAGEM OU DESMUCILAGEM:** tanque de alvenaria, estreito e comprido, destinado a receber o café preparado via úmida (despolpados), para remoção da mucilagem por meio de processos fermentativos.
- **TERREIRO DE CHÃO BATIDO:** terreiro sem revestimento, não recomendado pelo risco de comprometimento das características sensoriais e de segurança do produto final.
- **TERREIRO HÍBRIDO:** consta de um terreiro tradicional, preferencialmente concretado, onde se adapta um sistema de ventilação com ar aquecido por uma fornalha para secagem do café em leiras, na ausência de radiação direta ou em período chuvoso.
- **TERREIRO REVESTIDO:** terreiro revestido por diferentes materiais, cada um apresentando vantagens e desvantagens, porém todos superiores ao terreiro de terra.
- **TERREIRO OU LEITO SUSPENSO:** consiste em uma estrutura suspensa, construída de vários

- materiais (madeira, peças de concreto ou estrutura metálica), sobre a qual se instala uma tela que recebe os frutos que secam sem contato com o chão ou pavimentos de terreiros tradicionais.
- **TUBETES:** são recipientes de forma cônica fabricados com plástico rígido (polipropileno). Os tubetes usados para mudas de cafeeiros apresentam um tamanho de 14 cm de altura, 3,5 cm de diâmetro interno na abertura superior e 1,5 cm de diâmetro na abertura inferior da extremidade afunilada. Possui volume aproximado de 120 mℓ.
- **TULHA:** compartimento utilizado para armazenar o café em coco ou para deixá-lo para igualar a secagem após o uso do secador ou, ainda, para o descanso por um período, melhorando a sua qualidade, devendo ser em tamanho e número para conter diferentes lotes de café. Deve ser de madeira e construída com fundo em plano inclinado, para facilitar a descarga por gravidade, estar localizada próxima ao terreiro, em plano inferior a este, sendo seu carregamento feito pela parte superior e a descarga pela parte inferior.
- **UMIDADE:** percentual de água encontrada nos frutos e grãos de café, variável de acordo com o estágio de maturação dos frutos. Segundo a Instrução Normativa nº 8, de junho de 2003, do Ministério da Agricultura, Pecuária e Abastecimento (Mapa), os teores de umidade em grão beneficiado cru não poderão exceder aos limites máximos de tolerância de 12,5%.
- **VÁLVULA OU VÁLVULA AROMÁTICA:** são válvulas nas embalagens que permitem a saída dos gases liberados pelo café torrado e que bloqueiam a entrada de oxigênio no café. Elas são encontradas nas embalagens de café em grão.
- **VARREÇÃO:** popularmente designada como "varrição", define a operação de amontoa e recolhimento (levantamento) do café caído no chão durante a operação de colheita. Para a derriça no pano, a varreção é feita posteriormente. O café que permanece por um período longo em contato com o chão sofre deterioração por microrganismos e apresenta comprometimento da qualidade. Também é a parcela de café que, no processo de derriça, cai ao solo, sendo, geralmente, de pior qualidade.
- **VIA SECA:** diz-se do método de processamento pelo qual o café é seco na sua forma integral (com casca). O café assim produzido é conhecido pela designação de café natural, correspondendo à maneira mais simples e natural de processar os frutos de café recém-colhidos. Trata-se do processo que sofre menos manipulação mecânica e que menos afeta o meio ambiente, não polui a água e não cria resíduos sólidos.
- **VIA ÚMIDA:** processamento pelo qual se obtém o café despolpado.

- **VIA ÚMIDA COM DESCASCAMENTO MECANIZADO, DESMUCILAMENTO:** o sistema de processamento do café por via úmida, com descascamento mecanizado, é composto por um sistema descascador, uma unidade de despolpamento, conhecida também como despolpador ou desmucilador.
- **VIA ÚMIDA COM FERMENTAÇÃO:** diz-se do processamento via úmida tradicional no qual após a separação dos frutos cerejas e retirada da casca, estes são encaminhados para tanques de fermentação para a retirada da mucilagem.
- **VIVEIRO:** local destinado à germinação das sementes e ao desenvolvimento das mudas para o plantio, onde se proporciona um ambiente adequado para garantir qualidade, sanidade fisiológica e fitossanitária.
- **XÍCARA:** recipiente confeccionado com diferentes materiais (porcelana, vidro, inox, etc.), com capacidade para 50 mℓ, onde tradicionalmente é servido o café. Comercialmente existem os denominados "aparelhos" ou "jogos" de café compostos por conjuntos de bules, açucareiros, leiteiras e xícaras.

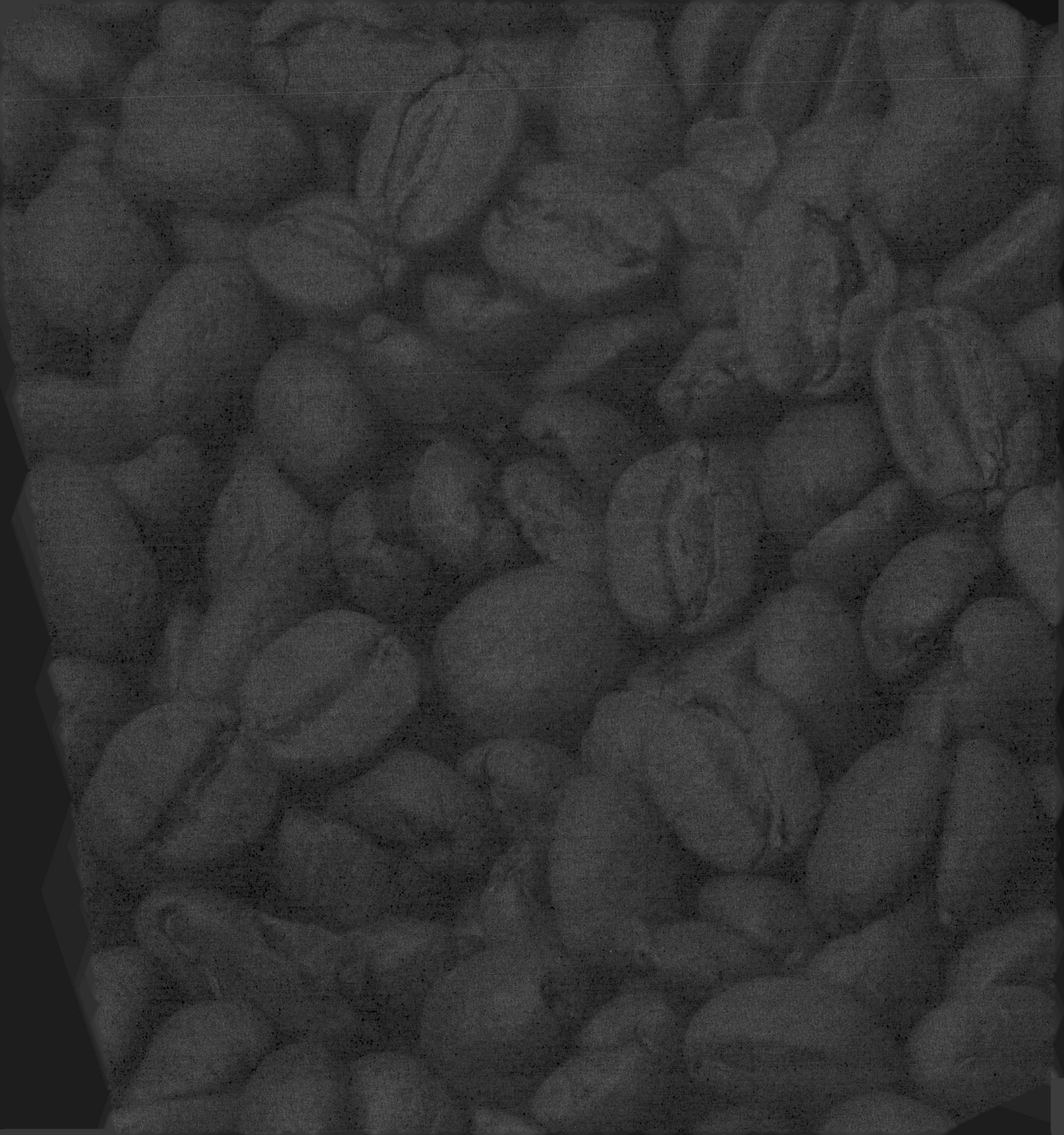

Bibliografia

ASSOCIAÇÃO BRASILEIRA DA INDÚSTRIA DE CAFÉ. "Categorias de qualidade". s/d. Disponível em http://abic.com.br/certificacao/qualidade/categorias-de-qualidade/, acesso em 29-12-2017.

BARBOSA, Alaete Telles. *Classificação e degustação do café*. Brasília: Sebrae, 1998.

BASTOS, Giuliana. *Dicionário gastronômico: café – com suas receitas*. São Paulo: Gaia/Boccato, 2008.

BORÉM, Flávio Meira. *Pós-colheita do café*. Piracicaba: PLD Livros Técnicos, 2008.

BARROS, Ubiratan Vasconcelos. "Doses e modos de aplicação de palha de café e esterco de gado associado ao adubo químico, na formação e produção do cafeeiro". Em *Anais do II Simpósio de Pesquisa dos Cafés do Brasil*, Vitória, 2001.

BRESSANI, Edgard. *Da origem do café ao espresso perfeito*. 3ª ed. São Paulo: Café Editora, 2011.

CARVALHO, Carlos Henrique Siqueira de (org). *Cutivares de café: origem, características e recomendações*. Brasília: Embrapa Café, 2008.

COWAN, Brian. *The Social Life of Coffee: the Emergence of the British Coffeehouse*. New Haven/Londres: Yale University Press, 2005.

FERNANDES, Luís Teixeira. *Irrigação na cultura do café*. Piracicaba: PLD Livros Técnicos, 2008.

FONSECA, Aymbiré Francisco Almeida da *et al.* A cultura do café robusta. Em *Simpósio de Pesquisa dos Cafés do Brasil*, Poços de Caldas, 2002.

HATTOX, Ralph S. *Coffee and Coffeehouses: the Origins of a Social Beverage in the Medieval Near East*. Seattle & Londres: University of Washington Press, 1985.

ILLY, Francesco & ILLY, Riccardo. *The Book of Coffee: a Gourmet's Guide*. Trad. do italiano por Pamela Swinglehurst. Nova York: Abeville Press, 1992.

INFORME AGROPECUÁRIO, 32 (261), Belo Horizonte, março-abril 2011.

LIMA, Wanderlei Antônio Alves de. *Condicionamento fisiológico, germinação e vigor de sementes de café*. Dissertação de mestrado. Viçosa: UFV, 1999.

MARTINS, Ana Luiza. *História do café*. São Paulo: Contexto, 2008.

MATIELLO, José Braz *et al. Cultura de café no Brasil: manual de recomendações*. Varginha: Fundação Procafé, 2010.

_____. *Cultura de café no Brasil: manual de recomendações*. Varginha: Fundação Procafé, 2015.

MORI, Emília Emico Miya. *Análise sensorial da bebida café*. Campinas: Ital/Lafise, 2001.

O CAFÉ. Catálogo de Exposição, Praça do Banco Real, São Paulo, 2000.

O QUE É UM CAFÉ ESPECIAL? Em *Cafeicultura*, 30-1-2010. Disponível em http://revistacafeicultura.com.br/?mat=30395, acesso em 30-12-2017.

PASCOAL, Luís Norberto. *Aroma de café*. Campinas: DPaschoal, 2006.

PENDERGRAST, Mark. *Uncommon Grounds: the History of Coffee and How It Transformed Our World*. Nova York: Basic Books, 1999.

PIMENTA, Carlos José. *Qualidade de café*. Lavras: Ufla, 2003.

_____ & VILELA, Evódio Ribeira. "Qualidade do café (*Coffea arabica* L.) colhido em sete épocas diferentes na região de Lavras-MG". Em *Ciência e Agrotecnologia*, dezembro de 2002.

PRADO, Renato de Mello & NASCIMENTO, Vinício Martins do. *Manejo da adubação do cafeeiro no Brasil*. Belo Horizonte: UFV, 2003.

REIS, Paulo Rebelles & CUNHA, Rodrigo Luz da. *Café arabica: do plantio à colheita*. Lavras: EPAMIG SM, 2010.

RENA, Alemar Braga & DAMATTA, Fábio Murilo. "Relações Hídricas no Cafeeiro". Em *I Simpósio de Pesquisa dos Cafés no Brasil*, Poços de Caldas, 2002.

SANDALJ, Vincenzo, & ECCARDI, Fulvio. *Café: ambientes e diversidade*. Rio de Janeiro: Casa da Palavra, 2003.

SIMSCH, Sebastian. "What on Earth is Honey Process?". Em *Seattle Coffee Works Blog*, 27-8-2014. Disponível em http://blog.seattlecoffeeworks.com/roastery/earth-honey-process/, acesso em 22-12-2017.

SOUZA, Antonio Fernando de. "Monitoramento das principais doenças e pragas do cafeeiro". Em *Café Point: o ponto de encontro da cadeia produtiva do café*, 2007. Disponível em http://www.cafepoint.com.br/monitoramento-das-principais-doencas-e-pragas-do-cafeeiro_noticia_35077_32_86_.aspx, acesso em 30-9-2009.

SOUZA, Sára Maria Shaufoun de. "Produção de café de qualidade: colheita e preparo". Em *Consórcio Brasileiro de Pesquisa e Desenvolvimento do Café*, 2001, disponível em http://www23.sede.embrapa.br:8080/aplic/cafenews.nsf/5f67c50917e85d1b03256c1000503fd9/b56459521696e08103256ba000639651?OpenDocument, acesso em 17-12-12.

TOPIK, Steven & SAMPER, Mario. "The Latin American Coffee Commodity Chain: Brazil and Costa Rica". Em *From Silver to Cocaine: Latin American Commodity Chains and the Building of the World Commodity*. Ed. S. Topik, 118-146. Durham: Duke University Press, 2006.

VIEIRA, Luiz Gonzaga Esteves & KOBAYASHI, Adilson Kenji. "Micropropagação do cafeeiro". Em *Simpósio de Pesquisa dos Cafés do Brasil*, Poços de Caldas, 2002.

ZAMBOLIM, Laércio. *Estratégias para produção de café com qualidade e sustentabilidade*. Viçosa: UFV, 2010.

Créditos das imagens

- Concetta Marcelina: p. 43-47, 55, 56, 58, 61-64, 68-69, 71, 73, 85.
- Felipe Rau Regueira: p. 36, 39, 88, 93, 97, 99, 104-108, 113, 115-127, 129-130, 133-153.

Sobre as autoras

CONCETTA MARCELINA é docente nos cursos de barista do Senac São Paulo, jurada certificada do Concurso Nacional de Barista desde 2003. É certificada como barista pela Special Coffee Association from Europe (SCAE), com diversos cursos de degustação e classificação de café.

CRISTIANA COUTO é jornalista de gastronomia e doutora em história da ciência. É colaboradora de diversas publicações sobre gastronomia e autora de *Arte de cozinha*, publicado pela Editora Senac São Paulo.

ADMINISTRAÇÃO REGIONAL DO SENAC NO ESTADO DE SÃO PAULO

Presidente do Conselho Regional
Abram Szajman

Diretor do Departamento Regional
Luiz Francisco de A. Salgado

Superintendente Universitário e de Desenvolvimento
Luiz Carlos Dourado

EDITORA SENAC SÃO PAULO

Conselho Editorial
Luiz Francisco de A. Salgado
Luiz Carlos Dourado
Darcio Sayad Maia
Lucila Mara Sbrana Sciotti
Luís Américo Tousi Botelho

Gerente/Publisher
Luís Américo Tousi Botelho

Coordenação Editorial
Ricardo Diana

Prospecção
Dolores Crisci Manzano

Administrativo
Verônica Pirani de Oliveira

Comercial
Aldair Novais Pereira

Edição de Texto
Luiza Elena Luchini

Preparação de Texto
Camila Marques

Coordenação de Revisão de Texto
Marcelo Nardeli

Revisão de Texto
Luiza Elena Luchini, Globaltec Editora Ltda.

Projeto Gráfico, Capa e Editoração Eletrônica
Antonio Carlos De Angelis

Foto da Capa
Flávio Tomio Takemoto

Coordenação de E-books
Rodolfo Santana

Impressão e Acabamento
Gráfica Visão

Editora Senac São Paulo
Av. Engenheiro Eusébio Stevaux, 823 - Prédio Editora
Jurubatuba - CEP 04696-000 - São Paulo - SP
Tel. (11) 2187-4450
editora@sp.senac.br
https://www.editorasenacsp.com.br

© Editora Senac São Paulo, 2013